»Genuss – das ist es, was in allem gesucht wird!«

(Seneca, 4 v. Chr. – 65 n. Chr.)

Der Fotograf ***Markus Kirchgessner*** *war für diesen Band zu allen Jahreszeiten im Piemont unterwegs.*

Rita Henss *lebt als freie Autorin in Frankfurt und kennt das Piemont von vielen Reisen.*

Liebe Leserinnen, liebe Leser!

Im Sommer 2014 erklärte die UNESCO die Weinregion Langhe-Roero und Monferrato zum Weltkulturerbe. Damit ist dieses Gebiet im Piemont die 50. UNESCO Welterbestätte in Italien. Das norditalienische Weinanbaugebiet präsentiert sich als faszinierende Hügellandschaft, in der die Weinberge den Eigenschaften des Bodens und Klimas ideal angepasst sind, so die Begründung für die UNESCO Auszeichnung.

Immer der Nase nach ...

Doch das Piemont verdankt seinen Ruf als Genießerregion nicht nur dem Wein. Berühmt sind auch die in der Region erzeugten Käsesorten, der in der Poebene angebaute Reis, der die Grundlage für köstliche Risottogerichte gibt, und natürlich die königlichen Trüffel ... Rita Henss, die Autorin dieses DuMont Bildatlas, und der Fotograf Markus Kirchgessner haben sich gemeinsam auf Trüffelsuche begeben. Zusammen mit einer kleinen Gruppe von Genießern und vor allem in Begleitung zweier kundiger Hunde sind sie tatsächlich auf die begehrten Knollen gestoßen. Wenn Sie es Ihnen nachmachen und auch einmal einen »trifulau« begleiten wollen, erhalten Sie auf S. 101 alle erforderlichen Infos.

Von den Bergen in die Stadt

Überhaupt ist es eine gute Idee, im Piemont per pedes unterwegs zu sein. Die grandiose Berglandschaft rund um das Aostatal, den Lago Maggiore oder auch im Süden des Piemont ist eine tolle Region für Wanderer. Selbst die Poebene kann mit herrlichen Landschaftseindrücken aufwarten, Birdwatching ist hier einer der besonderen Tipps von Rita Henss (S. 85). Nach all der Natur lockt dann die Stadt. Turin hat sich nicht erst seit den Olympischen Winterspielen 2006 zu einer charmanten Metropole entwickelt mit barocken Prachtbauten und einem entspannten Lebensgefühl. Genießen Sie das Piemont mit allen Sinnen!

Herzlich

Ihre

Birgit Borowski

Birgit Borowski
Programmleiterin DuMont Bildatlas

34 Eine üppige Blütenpracht entfaltet sich in Gärten und Parks an den Ufern des Lago Maggiore.

70 In Novara beeindruckt die kühne Kuppel des Architekten Alessandro Antonelli.

106 Seine Lage hoch über den Rebhügeln zeichnet Mondovì aus.

Impressionen

8 Hügelige Reblandschaft, märchenhafte Burgen und Schlösser, tiefblaues Seewasser und weitläufige Plätze, heilige Berge, spektakuläre Feste und purer Weingenuss – es lohnt, die Vielfalt des Piemont zu entdecken.

Lago Maggiore und der Norden

24 **Ein Hauch des Südens**
Mediterran sind Luft, Landschaft und Pflanzen am Lago Maggiore. Die Region südlich davon steht im Zeichen der Wolle, des Designs – und einst der Schreibmaschine.

DUMONT THEMA
34 **Blütenpracht mit Tradition**
Zitronenbäume, Rhododendren und Palmen – der Anblick der subtropischen Gewächse erfreut in den Gärten am Lago Maggiore und auf den Borromäischen Inseln.

38 **Straßenkarte**
39 **Infos & Empfehlungen**

Aostatal

42 **Wege zu den Majestäten aus Stein**
Mächtige Gipfel bestimmen die Region um das Städtchen Aosta, in der bereits die Römer Siedlungen errichteten. Wanderer wie Skifahrer können hier wunderbare Bedingungen finden.

50 **Straßenkarte**
51 **Infos & Empfehlungen**

Turin und Umgebung

54 **Königliche Metropole**
Herrschaftlicher Prunk durchweht noch die Schlösser der Savoyer im Zentrum wie auch im Umkreis der Stadt. Turin selbst nimmt durch Eleganz und Lebenskultur für sich ein.

UNSERE FAVORITEN

BEST OF ...

22 **Unterkünfte – Berghütte oder Schloss?**
Von Rebhügeln umgeben oder inmitten der Bergwelt – das Piemont bietet zahlreiche Schlummermöglichkeiten mit gewissem Extra.

48 **Feste – Orangenwurf und Eselhieb**
Historische Ereignisse leben bei großen Events immer wieder auf – neben all den Weinfesten.

110 **Shoppen – Keramik bis Kulinarik**
Den Sinnen schmeicheln schokoladige Köstlichkeiten, dem Kopf der originale Borsalino. Im Zeichen von Slow Food steht Eataly.

96 Weinbau ist das große Thema im Piemont. Der Gast wird herzlich auf Weingütern zur Degustation begrüßt.

DUMONT THEMA
64 **Väter des italienischen Automobils**
Wo einst Raum für Motoren war, steht heute vieles im Zeichen der Kultur. Der Architekt Renzo Piano wirkte am Umbau der ehemaligen Fiat-Fertigungsstätte am Lingotto mit.

66 **Straßenkarte, Cityplan**
67 **Infos & Empfehlungen**

Poebene

70 **Im Reich des Reises**
Landwirtschaft dominiert die Weiten an den Ufern des Po. Doch Städtchen wie Vercelli und Novara bergen auch bauliche wie kulinarische Schätze, das Castello di Masino begeistert weiterhin mit seiner aufwendigen Ausgestaltung.

DUMONT THEMA
78 **Die Perle des Orients am Ufer des Po**
Geflutete Felder, zartgrün darin die Pflanzen – Reis wird in seiner ganzen Vielfalt in der Poebene angebaut.

82 **Straßenkarte**
83 **Infos & Empfehlungen**

Langhe und Monferrato

86 **Genuss in allen Facetten**
Die Landschaft um Alba und Asti ist nicht nur Wein-, sondern auch Trüffelregion. Darüber hinaus weiß man hier Feste wie den Palio zu feiern …

DUMONT THEMA
96 **Der Barolo und seine Brüder**
Barolo, Barbaresco, Asti – klangvolle Namen stehen für charaktervolle Weine der Region. Viele von ihnen tragen das Qualitätssiegel.

98 **Straßenkarte**
99 **Infos & Empfehlungen**

Westalpen

102 **Erhabene Pracht**
Bei den Wanderungen durch Täler wie das Maira-Tal sind Blicke auf Burgen und herrliche Fresken gleich inklusive.

112 **Straßenkarte**
113 **Infos & Empfehlungen**

Anhang

116 **Service – Daten und Fakten**
120 **Register, Impressum**
122 **Lieferbare Ausgaben**

DuMont Aktiv

Genießen Erleben Erfahren

41 **Wellness in vielen Varianten**
Pures Wohlgefühl mit Salz oder Trauben auf der Haut

53 **Glück auf zwei Brettern**
Auf Skiern hinab ins Aostatal

69 **Unterirdische Erinnerungen**
Unter Turins Straßen schlummern spannende Orte.

85 **Mit Fahrrad und Fernglas**
Birdwatching in der Poebene

101 **Trüffelsuche mit Hund**
… samt Genuss der Knollen

115 **Wanderung zu den Fresken**
… der Kirche von Elva

Lago Maggiore und der Norden 24 – 41
Aostatal 42 – 53
Poebene 70 – 85
Turin und Umgebung 54 – 69
Westalpen 102 – 115
Langhe und Monferrato 86 – 101
1
2
3
4
5
6
7
8
9
10
TORINO
MILAN
GENOVA
CUNEO
ALESSANDRIA
NOVARA
Asti
Aosta
Ligurisches Meer
Golfo di Genova
FRANCE
Maßstab 1:1.000.000
0
10km

Topziele

Die bedeutendsten Sehenswürdigkeiten des Piemonts sowie Erlebnisse, die Sie keinesfalls versäumen dürfen, haben wir hier für Sie zusammengestellt. Auf den Infoseiten ist das jeweilige Highlight als **TOPZIEL** *gekennzeichnet.*

NATUR

❶ **Lago Maggiore:** Auf den Borromäischen Inseln bilden exotische Pflanzen gemeinsam mit Pavillons und Palazzi ein harmonisches Ensemble. **Seite 39**

❷ **Maira-Tal:** Das Valle Maira zeigt viele Gesichter, die es sich zu erwandern lohnt: weite Täler und Schluchten, liebliche Abschnitte und wilde Natur. **Seite 114**

❸ **Grotta di Bossea:** Lange Gänge, große Säle und Wasser charakterisieren die Tropfsteinhöhle südlich von Mondovì. **Seite 115**

FESTE

❺ **Palio in Asti:** Beim Palio in Asti kämpfen historisch gekleidete Reiter um den Sieg für ein Stadtviertel. **Seite 100**

2

8

9

5

GENUSS

❹ **Weinlandschaft der Langhe:** Der Anbau der Reben hat eine lange Tradition um La Morra; ein kleines Museum ist ihr gewidmet. **Seite 101**

KULTUR

❻ **Aosta:** Relikte des römischen Theaters künden noch von der antiken Vergangenheit des Städtchens. **Seite 51**

❼ **Turin:** Elegant und lebhaft, kantig und szenig – Turin ist interessant als Architekturstadt und cool als Ausgehpflaster. **Seite 67**

❽ **Jagdschloss Stupingi:** Repräsentativ bis in den Hirsch auf der Kuppel: das von Filippo Juvarra erbaute Schloss für das Haus Savoyen. **Seite 69**

❾ **Castello di Masino:** Über den Hügeln des Canavese prunkt das Schloss mit aufwendiger Dekoration. **Seite 84**

❿ **Abbazia di Vezzolano:** Romanik und Gotik sind in der Kirche südlich von Vercelli auf wunderbare Weise vereint, ausdrucksstark ist der Figurenschmuck. **Seite 85**

CAVE DES
ONZE COMMUNES

Herrschaftlich …

Schroffe hohe Berge bilden die mächtige Kulisse für den Auftritt von Burg Aymavilles, Wald und Rebfeldern – willkommen im Aostatal! Die Savoyer, die über lange Zeit die Region prägten, nutzten den Bau mit seinen markanten Rundtürmen als Jagdschloss.

Das weite Blau vor Augen

Als schwämme man in den See hinaus – dieses großartige Empfinden genießen Gäste im Pool so manches Hotels am Lago Maggiore, auch jene des Hotels La Palma in Stresa. Am Ende eines Tages, an dem man über die Seepromenade des Ortes flaniert ist, vielleicht auch auf eine der Borromäischen Inseln übersetzte und den Zauber der Gärten spürte, erscheint so ein Bad perfekt.

Im Galopp um die Ehre

Die Pferde preschen über die Sandbahn beim Palio von Asti, angetrieben von ihren Jockeys, die nur ein Ziel haben: um eine oder zwei Pferdelängen vor den anderen ins Ziel zu gelangen und das Tuch, den *palio,* in Händen zu halten – erkämpft für ein ganzes Stadtviertel. Der Sieger stellt sich damit in eine 700-jährige Traditionslinie.

In Ausgehlaune

Die Piazza Vittorio Veneto in der Nähe des Po ist nur einer der zahlreichen Plätze von Turin. Aufgrund ihrer großzügigen Anlage bietet sie reichlich Platz für Cafés und Restaurants – und fürs ausgiebige Flanieren. Die weiten Arkadengänge an den Gebäuden ringsum stehen im ganzen Trubel immer auch für die norditalienische Eleganz.

Die Stille der heiligen Berge

Bei Varallo befindet sich einer der heiligen Berge, der Sacri Monti, die im Piemont Ziel von Wallfahrern sind. Einst war die Stätte in der Nähe des Ortasees erheblich kleiner geplant, dann stellte Carlo Borromeo sie in den Dienst der Gegenreformation – heute können Gläubige in 45 freskengeschmückten Kapellen (oder davor) einige Augenblicke verweilen.

th AVE

In feiner Eleganz

Der Großen Galerie in der Venaria Reale verleihen das Spiel aus Licht und Schatten, die klaren Symmetrien und die den Raum überziehenden feinen Verzierungen ihren starken Ausdruck. Das einstige Jagdschloss war unter den Savoyern zum mächtigen Schloss ausgebaut worden.

Purer Genuss

Die pure Wohltat für die Sinne: inmitten der Ruhe der Weinberge ein Glas Wein genießen – wie in der L'Ostelliere bei Monterotondo di Gavi, die Teil des Villa Sparina Resorts ist. Die Trauben aus dieser Region südlich von Alessandria bringen trockene, hochwertige Weißweine wie den Gavi hervor.

Unterkünfte mit dem gewissen Etwas

Berghütte und Klosterluxus

In einem ehemaligen Kloster schlummern, umgeben von Reben. Künstlerisches B&B-Flair genießen, verbunden mit Weindegustationen. Oder mit hausgemachtem Käse dort frühstücken, wo sich einst die Bettelmönche trafen: Das Piemont bietet für jeden Anspruch und jedes Budget eine Fülle von Übernachtungsmöglichkeiten.

1 Borgata San Martino

Morgens die Augen öffnen und durch die Balkontür auf nichts als Berge und Himmel schauen. Später im Garten und auf der Holzterrasse die Blumenpracht bewundern. Und sich mit einem üppigen Frühstück für den Wandertag rüsten. Abends zurückkehren zum Fünf-Gänge-Menü: Dieser Posto Tappa inmitten typischer Dorfhäuser im Maira-Tal bietet mehr als nur ein Lager und einen Snack für Ausflügler. Auch Yogaklassen und Kochkurse sind im Programm.

Centro Culturale Borgata, San Martino Inferiore, 12020 Stroppo (CN), Tel. +39 0171 99 91 86, www.borgata-sanmartino.eu, DZ, nur mit HP, 65 €

2 Antica Meridiana

Relais Art nennt sich das kleine Anwesen von Angioletta De Giorgis, dessen fünf Gästezimmer einen individuellen künstlerischen Touch aufweisen – von der Lichtskulptur bis hin zur dreifach strukturierten blauen Wand. Verantwortlich für die Farben, Gemälde, Textilien, Objekte und das Mobiliar zeichnet der renommierte Interior-Designer Luca Poncellini. Besonders schön das „Schutzengel"-Apartment im Turm mit seinem Weinberg-Panorama.

Via Montex 1, 12080 Vicoforte (CN), Tel. +39 0174 56 33 64, www.relais-art.com, auch Wein-Degustationen, DZ ab 100 €

3 Poderi Einaudi Relais

Bruchstein, Terrakotta und große Fenster sorgen für Transparenz und Wohlbefinden im historischen Landhaus der Familie Einaudi, die sowohl einen Staatspräsidenten als auch einen berühmten Verleger und mehrere Musiker hervorgebracht hat. Ab 1897 produzierte sie auch Wein. Heute umfasst der einstige Sommersitz der Einaudis mit bester Aussicht auf die Reblandschaft zehn Gästezimmer und zwei Suiten im italienischen Landhausstil (weitgehend mit Originalmöbeln versehen), einen Pool in Flaschenform – und wer mag, kann sich in der nahen Kellerei in die Geheimnisse des Weinmachens einweihen lassen, Verkostung inklusive.

Borgata, Gombe 31, Cascina Tecc, 12063 Dogliani (CN), Tel. +39 0173 7 04 14, www.relaiseinaudi.com, DZ ab 130 €

4 Villa Beccaris

Prächtige Aussicht schon beim Frühstück bietet der filigrane Pavillon des Hotels, das auf dem Gelände eines historischen Gutshauses hoch über dem Ort liegt. Nebenan lockt gleich der Pool und ein großer Park säumt das luxuriöse Anwesen mit seinen drei Gebäuden. Die rund zwei Dutzend Zimmer atmen noble Nostalgie in Creme- und Champagnertönen, teils sind sie mit Stuckverzierung und Deckenfresko geschmückt.

Via Bava Beccaris 1, 12065 Monforte d'Alba (CN), Tel. +39 0173 7 81 58, www.villabeccaris.com, DZ ab 240 €

5 Relais San Maurizio

Vinotherapie nennt sich das Verwöhnhighlight im Spa des Relais San Maurizio, einem einst klösterlichen Anwesen in den Rebhügeln der Langhe, das mit Originalmaterialien komplett renoviert wurde. Seine mit Holzböden und Tonnendecken versehenen Innenräume sind mit antiken Möbeln eingerichtet. Nach dem üppigen Frühstück unter Deckenfresken schweift der Blick von den Gartenterrassen weit über die Weinlandschaft, in der die Trauben für den Barbera d'Asti und den berühmten Spumante reifen. Das zugehörige michelinbesternte Restaurant Guido da Costigliole in einem schönen historischen Gewölbe serviert Spezialitäten aus der Region Piemont, zeitgenössisch interpretiert.

Località San Maurizio 39,
12058 Santo Stefano Belbo (CN),
Tel. +39 0141 84 19 00,
www.relaissanmaurizio.it,
DZ ab 355 €

6 Residenza dell' Opera

Ein eigenes kleines Reich mitten in Turin – und weitgehend über seinen Dächern: Die 16 Zimmer und Studios des Belle-Époque-Palais zwischen Mole Antonelliana und den Ufern des Po bieten zeitgenössische Eleganz in dezenter Farbigkeit, teils mit Holzbalkendecken, eigener Küche und Salon. Sie verteilen sich auf alle fünf Etagen des restaurierten Palazzo.

Via San Massimo 17,
10123 Turin,
Tel. +39 011 9 21 38 80,
http://residenzadellopera.com, DZ ab 112 €

7 Castello di Pavone

Stilecht schlummern im Schloss: Das Castello di Pavone geht bis aufs Mittelalter zurück und wurde im 19. Jahrhundert restauriert. Seine 27 Gästezimmer atmen heute den Geist der Vergangenheit und sind mit modernen Annehmlichkeiten verbunden. Die Restauranträume sind mit Fresken bemalt, mit Savonarola-Sesseln, echten Perserteppichen, Silber und Kristall ausgestattet. Im Schlosspark mit tropischen Gewächsen plätschert sogar ein Wasserfall.

Pavone Canavese (TN), via Dietro Castello,
Tel. +39 0125 67 21 11
www.castellodipavone.com,
DZ ab 165 €

8 La Capuccina

Erbaut auf einem Gelände, das einst der Treffpunkt von Bettelmönchen auf ihrem Weg von Varallo Pombia ins Vercellese war, entstand ein Bed & Breakfast aus acht schlichten Zimmern in teils kräftigen Farben und teils mit Blick auf Rebenfelder. Ein kleiner Pool, ein Billardzimmer und der schöne gemeinsame Gastraum zum Frühstück tragen zum charmanten Ambiente der Unterkunft bei. Mit Milch von eigenen Ziegen und Kühen wird Käse produziert, zudem wird eigener Wein gekeltert.

Strada Capuccina 7,
28060 Cureggio (NO),
Tel. +39 0322 83 99 30,
www.lacapuccina.it,
DZ ab 100 €

Ein Hauch des Südens

Mediterrane Gärten mit Zitrusfrüchten und Palmen, Grandhotels mit Historie und heilige Berge: An den Ufern des Lago Maggiore und im Hinterland dieses größten norditalienischen Sees reiht sich eine Vielfalt natur- und kulturgeschichtlicher Entdeckungen. Das Biellese steht für edle Wollstoffe, Bier und Design; Ivrea schrieb sich mit der Familie Olivetti buchstäblich in die Chronik des Landes.

Üppige Vegetation umfängt Cannero am nordwestlichen Ufer des Lago Maggiore. Von den Hotels eröffnen sich wunderschöne Blicke.

Beinahe ein Muss ist die Überfahrt vom Ufer des Lago Maggiore zur Isola Bella, die ihrem Namen alle Ehre macht. Sie gehört mit der Isola Madre und der Isola dei Pescatori zu den Borromäischen Inseln, die sich durch ein angenehm warmes Klima auszeichnen.

Das Schöne am Lago Maggiore: Manche Hotels, wie das La Palma in Stresa, reichen mit ihren Terrassen nah ans Ufer heran, sodass beim abendlichen Aperitif kein Haus, kein Baum den Blick verdeckt.

Nahe der Schweizer Grenze liegt Cannobio mit mittelalterlichem Flair.

Alle an Bord? Dann legt Kapitän Morandi mit dem Solarboot von Cannero ab.

Unter einem makellosen Azur gleißen die weißen Fassaden der noblen Belle-Époque-Hotels am Lago Maggiore.

Bei gutem Wetter sind sicher fünfzig Boote draußen", weiß der Kapitän einer der vielen kleinen Schifffahrtsunternehmen in Stresa. An diesem frühen Maimorgen indes schlägt der See hohe Wellen, am Himmel hängt eine lückenlose graue Wolkendecke – und nur etwa ein halbes Dutzend *motoscafi* kämpft sich gegen den Wind aus dem Hafen hinaus und hinüber zu den Borromäischen Inseln. Statt auf den Restaurantterrassen und den Bänken der begrünten Uferpromenade drängen sich die Menschen in den *Osterie* und *Trattorie* im Ortskern, wo vor ein paar Stunden die Markthändler ihre Stände aufgebaut haben.

Doch schon am Nachmittag liegt der See wieder in strahlendem Sonnenschein, und unter einem makellosen Azur gleißen die weißen Fassaden seiner noblen Belle-Époque-Hotels, in denen einst die europäische Prominenz logierte und das mediterrane Klima des Lago genoss. Selbst Ernest Hemingway nahm in Stresa mehrfach eine Auszeit vom Alltag; der Ort und das Grand Hotel des Iles Borromées spielen sogar eine Rolle in seinem Roman „In einem andern Land".

Granit und klares Wasser

Heute gibt es keine direkte Bahnverbindung mehr zwischen Stresa und London, Paris, Venedig oder Konstantinopel, wie zu Zeiten des Simplon-Orient-Express. Doch die Superstrada 33 schlängelt sich malerisch am gesamten piemontesischen Ufer des Lago Maggiore entlang, bis hinauf nach Feriolo kurz vor dem stillen kleinen Lago Mergozzo.

Auf ihm sind keine *motoscafi* zugelassen, nur Ruderboote und Kajaks. Zwischen den Ufern des blitzsauberen Lago Mergozzo und dem Fluss Toce sind immer wieder große Steinblöcke in diversen hellen Farbschattierungen zu entdecken: grau, cremefarben, bläulich oder mit rötlichen Einsprengseln. Granit. Seit der Römerzeit wird er hier, um Montorfano, abgebaut. Sowohl die Portici, die Laubengänge von Turin, so heißt es, als auch der Mailänder Hauptbahnhof seien zumindest in Teilen mit dem Granit des Lago Mergozzo erbaut.

Heilige Berge

Eindrucksvolle Architektur krönt auch den Lago d'Orta. Auf einer Anhöhe am Ostufer, über dem Hauptort San Giulio, drängen sich die Kapellen des Sacro Monte. Angelegt wurde das Ensemble, von dem sich eine prachtvolle Aussicht auf den See mit seiner Klosterinsel und die umliegenden Hügel bietet, zu Ehren des heiligen Franz von Assisi. Die Bauten aus dem 16. bis 18. Jahrhundert sind

Im Umland des Lago d'Orta wird weiterhin Wert auf das Handwerk gelegt – sei es durch den Figurenmacher Valentino Alessi, sei es in der Käseproduktion Castagna in Ornavasso. Auch eine der Wallfahrtsstätten liegt in der Region: der Sacro Monte della Santa Trinità in Ghiffa (oben rechts).

Schon die Namen der Produkte sind ein kulinarisches Versprechen in der Trattoria Lago delle Rose in Ornavasso: salame, fegato, formaggio di capra, lardo.

Von Orta San Giulio schweift der Blick über den Ortasee zur Isola San Giulio hinüber. Dort erhebt sich die dreischiffige romanische Basilika und daneben der ehemalige Bischofspalast.

„Begegnet man Schönem, hat man den starken Wunsch, es möge von Dauer sein (…) Es drängt einen zu sagen: ‚Ich war hier, ich habe das gesehen, …'"

Alain de Botton, Kunst des Reisens

inzwischen Teil des UNESCO-Welterbes, das insgesamt neun Andachts- und Pilgerstätten in Norditalien umfasst: Sieben liegen im Piemont, darunter auch der Sacro Monte di Varallo vom Ende des 15. Jahrhunderts sowie die Heiligen Berge von Ghiffa, Oropa, Belmonte, Graglia und Crea. Letzterer befindet sich in den Monferrato-Hügeln.

Wolle und Bier

Schon bei der Einfahrt nach Biella bietet sich dem Auge nicht nur das atemberaubende Gipfelpanorama des Monte-Rosa-Massivs am Horizont, sondern es begrüßt den Besucher (so er von den Seen anreist oder aus Richtung des Sesiatals) gleich auch der Slogan „Città della lana": Stadt der Wolle.

Wobei der Cervo, an dem die Stadt Biella liegt – er war stets ein Fluss der Arbeit, nicht des Vergnügens, sagen die Einheimischen –, durchaus auch für das innere Wohlbefinden der Menschen sorgt: An seinen Ufern wird seit 1846 das Menabrea-Bier gebraut, mit Wasser allerdings aus Oropa, dem ein gutes Dutzend Kilometer nördlich gelegenen kleinen Kur- und Wallfahrtsort.

Menabreas Ruf geht längst über den Norden Italiens hinaus. Und bereits seit den 1980er-Jahren lädt das noch immer von den Nachfahren seiner Gründer geführte Unternehmen junge Künstler

Die Oberstadt Piazzo in Biella war einst politisches Zentrum. Heute kommt man unter den Arkaden auf der Piazza Cisterna gerne auf ein Schwätzchen und zu einem caffè zusammen.

Recht schlicht wirkt der Palazzo della Cisterna am gleichnamigen Platz in Biella-Piazzo.

Kleine Plauderei vor prachtvollem Freskenschmuck auf der Isola San Giulio im Ortasee.

Rund 600 Meter über dem Fluss Sesia breitet sich die Anlage des Sacro Monte di Varallo aus. In Verbindung mit der Gegenreformation entstanden hier 45 reich ausgeschmückte Kapellen.

Special

Modeunternehmen

Haariges zum Schutz und Schmuck

Der Name Ermenegildo Zegna steht in der Mode für feinste Tuche aus Wolle. Trivero, der Sitz des Unternehmens, liegt im Gebiet von Biella, wo auch Nino Cerrutis Großvater einst seine Stoffmanufaktur gründete und das Lanificio Colombo zu Hause ist. Zu dessen Kunden zählen u. a. Prada, Armani und Hugo Boss.

Im wasserreichen Biellese am Fuß der Alpen hat die Kunst des Spinnens, Webens und Filzens eine lange Tradition. Seit Mitte des 19. Jahrhunderts entwickelte sich aus den familiären Anfängen eine international renommierte Tuchindustrie.

Rund 600 Spinnereien und ca. 350 Webereien sind noch heute im Gebiet der Flüsse Cervo, Strona, Séssera und Elvo aktiv, deren reines Wasser inzwischen oft auch wiederaufbereitet wird – etwa drei Liter braucht es für die Zurichtung von einem Meter des feinsten Tuches. Allerdings verarbeitet das Gros der Unternehmen statt der rauen Schafswolle in der Regel heute meist das Haar von Kaschmirziege und Yangir, von sibirischem Steinbock, Guanaco, Kamel und Vicuña. Inzwischen wurde aber ein Konsortium in Biella gegründet, das es sich zum Ziel setzt, Wolle einheimischer Tiere zu verwenden.

Fabrikverkauf in der Lanificio Colombo

regelmäßig zur Gestaltung der Flaschenetiketten ein und ehrt sie mit dem Menabrea Art Prize.

Über Mode zur Stiftung

Kunst und Stiftungsengagement spielen inzwischen auch eine wichtige Rolle im Zusammenhang mit der langjährigen Textiltradition des Biellese. So entstand 1998 in der ehemaligen Wollfabrik Trombetta von Biella auf Initiative des Bielleser Künstlers Michelangelo Pistoletto die Cittadelarte. Die „Kunststadt" des wohl bekanntesten Vertreters der Arte Povera umfasst heute neben einer Reihe seiner Werke u. a. ein Theater, die Ideen-Universität UNIDEE sowie das Museum der Zukunft, Gegenwart und Vergangenheit. Auch für andere industrielle Denkmäler der Region gab und gibt es Projekte: So zählt in Pray das einstige Lanificio Zignone – im Volksmund Fabbrica della Ruota (Radfabrik) – inzwischen zum Netz der Bielleser Ecomusei.

Ermenegildo Zegna, Gründer des Modeunternehmens, konzentrierte sein Engagement auch auf die Natur. Bereits in den 1930er-Jahren begann er die heute nach ihm benannte Panoramastraße zu planen. Er finanzierte die Anpflanzung Tausender Bäume, Rhododendren und Hortensien zwischen Trivero und Rosazza und schuf auf diese Weise einen

Nicht weit vom Sesia entfernt liegt das Städtchen Gattinara in den Bielleser Voralpen.

Die Schafzucht wie hier bei Borgosesia war Grundlage und ist weiterhin Bestandteil der Textilindustrie in der Region um Biella.

Die Oasi Zegna ist ein gut hundert Quadratkilometer umfassendes Areal. Eindrucksvoll ist der Blick zum Monte Rosa, dessen Spitzen fast das ganze Jahr über schneeüberpudert sind.

Der Marienwallfahrtsort Oropa beeindruckt durch seine komplexe Anlage, die in Terrassen angeordnet ist.

harmonischen Garten in der Berglandschaft. Aus diesen Anfängen erwuchs die Oasi Zegna, durch die Themenwege führen, aber auch Mountainbikerouten.

Im Namen der Schreibmaschine

Unaufhörlich netzt das aus dem grauen Stein rinnende Wasser das kleine Relief mit dem Konterfei eines bärtigen älteren Herrn. Bei dem ungewöhnlichen Brunnen am Fuß jenes Felsens, auf dem im Mittelalter das Castello di San Maurizio stand, handelt es sich um ein Denkmal zu Ehren von Camillo Olivetti. Er gründete im Alter von 28 Jahren jene Firma, die ab 1908 lange Zeit die wirtschaftlichen Geschicke seiner Heimatstadt Ivrea und die der Region prägen und bereits 1911 mit der Vorstellung der ersten

Camillo Olivetti gründete jene Firma, die lange Zeit die Wirtschaft von Ivrea prägte.

Schreibmaschine verblüffen sollte. Wenige Schritte vom Bildnis entfernt erinnert eine Metallstele an seinen Sohn und Nachfolger Adriano. Dieser definierte erstmals die Gestaltung als tragendes Mittel des Familienunternehmens und ließ als äußeres Zeichen der künftigen Firmenphilosophie den Geschäftssitz 1938 von der väterlichen Backsteinfabrik in ein neues Gebäude mit Glasfassade verlegen.

Konzipiert hatten es im Auftrag Adrianos die jungen Mailänder Architekten Luigi Figini und Gino Pollini, Vertreter des sogenannten Razionalismo. Frühe Olivetti-Bauten sind erhalten: an der Via Jervis, die aus dem von der Dora Baltea umtosten Ivrea ins Canavese hinausführt. Gleiches gilt für Wohnkomplexe, die Olivetti für seine Arbeiter bauen ließ. Kühn ist jener von Talponia an der Via Carandini, der sich mit weitem Schwung in die Landschaft schmiegt.

GÄRTEN AM LAGO MAGGIORE

Blütenpracht mit Tradition

Palmen, Zitronen, Azaleen, Rhododendren: An den Ufern des Lago Maggiore und auf den Borromäischen Inseln zeigt die Natur eine ungeahnte Vielfalt. Mediterrane und subtropische Pflanzen gedeihen in den Mikroklimata der Region ebenso wie alpine Gewächse.

Die Isola Madre zählt zu den ältesten botanischen Gärten Italiens und bezaubert mit ihrer Vielfalt an Pflanzenarten.

Sieben Meter misst der Stamm des gigantischen Kampferbaums im Renaissancegarten der kleinen Isola Bella. Und auf der Isola Madre stand bis zu einem großen Unwetter die größte intakte (Kaschmir-)Zypresse Europas. Inzwischen sind ihre Wurzeln wieder eingegraben, ihre Äste versorgt und ein ausgeklügeltes Seilsystem hält den mehr als 200 Jahre alten Baumriesen aufrecht. Auch von den klimatischen Schäden, die sie vor einigen Jahre erlitten, haben sich die Gärten und Parks des Lago Maggiore nahezu spurlos erholt.

Fast alle der prachtvollen Anlagen gehen auf das 19. Jahrhundert zurück. Nahezu jede Villa auf der piemontesischen Seite des Sees grenzte damals, ebenso wie die neu erbauten Grandhotels, mit ihrem Grün unmittelbar ans Wasser. Nach der Realisierung der Napoleonischen Uferstraße, die längs des Seeufers führt, war es für das Gros der Besitzer allerdings mit diesem Privileg vorbei.

Unberührt von Asphaltbändern und Abgasen blieb die üppige Vegetation der Inseln. Ihre Anfänge keimten, wie jene der Festlandgärten, meist in der Belle Époque. Die Isola Madre, einst San Vittore gewidmet, war ursprünglich ein reiner Olivenhain. Ihr Mikroklima begünstigt heute unter anderem das Wachstum von Glyzinien, seltenen subtropischen Pflanzen sowie zahlreichen exotischen Blumen.

Im Grün entdeckt der Besucher chinesische Fasane und indische Pfauen; in den Volieren zwitschern Kanarienvögel und plappern Zwergpapageien. Schon die Schriftsteller Gustave Flaubert und Stendhal rühmten die Zeugnisse weltweiter Natur auf der knapp acht Hektar großen Insel.

Rhododendren buschen sich mit lila-, pink- oder leicht orangefarbenen Blüten auch in den Gärten der Villa Taranto. Auf 16 Hektar hatte der Spross einer schottischen Reederfamilie ab den 1930er-Jahren begonnen, seinen Traum eines englischen Gartens zu realisieren. Aufmerksam geworden war Captain Neil Boyd McEacharn auf das Grundstück durch eine Anzeige in der „Times“, aufgegeben von der Marquise von Sant'Elia.

Ein einziger Wettbewerb der Farben in den Gärten der Isola Madre – das Blau des Pfauenfederkleids tritt mit dem Violett und den Fliederfarben der Rhododendronbüsche in Konkurrenz.

Seit 1952 sind die Taranto-Gärten öffentlich; sie umfassen inzwischen rund 20 000 Pflanzenarten. Die Bauten in Verbania Pallanza fügen sich harmonisch ins Bild ein.

Fakten & Informationen

Borromäische Inseln:
Anfahrt von Stresa, Baveno und Verbania Pallanza per Boot (Fahrt ca. 6 €), Ende März – Ende Okt.;
Eintritt: Isola Bella 15 €, Isola Madre 12 €, Kombiticket 20,50 €, siehe Infos & Empfehlungen S. 39

Verbania-Pallanza, Villa Taranto:
Giardini Botanici Villa Taranto, Via Veneto 111, Verbania, www.villataranto.it,
Mitte März – 1. Nov., tgl. 8.30 – 18.30 Uhr, Eintritt 10 €

Giardino Alpinia:
Via Alpinia 22, Alpino di Stresa, http://giardinobotanicoalpinia.altervista.org,
April – Okt. 9.30 – 18.00 Uhr, Eintritt: 4 €

Parco degli Agrumi:
www.cannero.it/it/il-parco-degli-agrumi,
Mai/Juni So. 16.30 – 18.30 Uhr,
Juli/Aug. So. 16.30 – 18.30 Uhr

Die Dame wollte ihr bei Pallanza am Ufer des Lago Maggiore gelegenes Anwesen veräußern.

McEacharn ließ einen großen Teil der vorhandenen Vegetation entfernen und imposante Aushubarbeiten vornehmen. So entstanden beispielsweise ein künstliches Tal (La Valetta) und Terrassen mit Wasserfällen, Seerosen- und Lotosblüten-Teichen. Eine Bewässerungsanlage wurde installiert; Schilf- und Wintergarten wurden angelegt. McEacharn wurde nach seinem Tod 1964 in einem Mausoleum inmitten seines Gartens beigesetzt, den er schon zu Lebzeiten dem italienischen Staat vermacht hatte.

Wo die Zitronen blühen

Etwa zur selben Zeit wie McEacharn bei Pallanza begann ein gewisser Igino Ambrosini mit einigen Freunden bei Stresa sein botanisches Interesse in großem Maßstab umzusetzen. An den Hängen des Monte Mottarone gründete er 1934 „Duxia" (der Name spielt auf den Duce an), den heute zweitgrößten alpinen Garten Italiens. Mit der Panoramaseilbahn geht es von Stresa aus hinauf zu dem rund 40 000 m^2 großen „Balkon über dem See", der inzwischen schlicht Giardino Alpinia heißt, von den Gemeinden Stresa und Gignese sowie einem Verband getragen wird und rund 800 botanische Arten aus den italienischen Alpen und Voralpen, dem Kaukasus, China und Japan vereint.

Doch zurück an den See, nach Cannero Riviera. Den Limonen, Mandarinen, Pampelmusen und auch den Orangen in den Gärten widmet sich der Parco degli Agrumi. Er entstand 2012 als gemeinsames Projekt der Gemeinde und der Universität Turin mit dem Ziel, über die traditionelle landwirtschaftliche Sparte der Region zu informieren und außerdem weitere Forschungsergebnisse zu den morphobiologischen Charakteristika der Cannereser Zitrusfrüchte zu erhalten.

Am Ufer des Lago Maggiore entfaltet Cannero Riviera seinen Zauber vor allem, wenn Rhododendren und Azaleen in Blüte stehen. Die Organisation Parco degli Agrumi erforscht hier die Entwicklung der regionaltypischen Pflanzen.

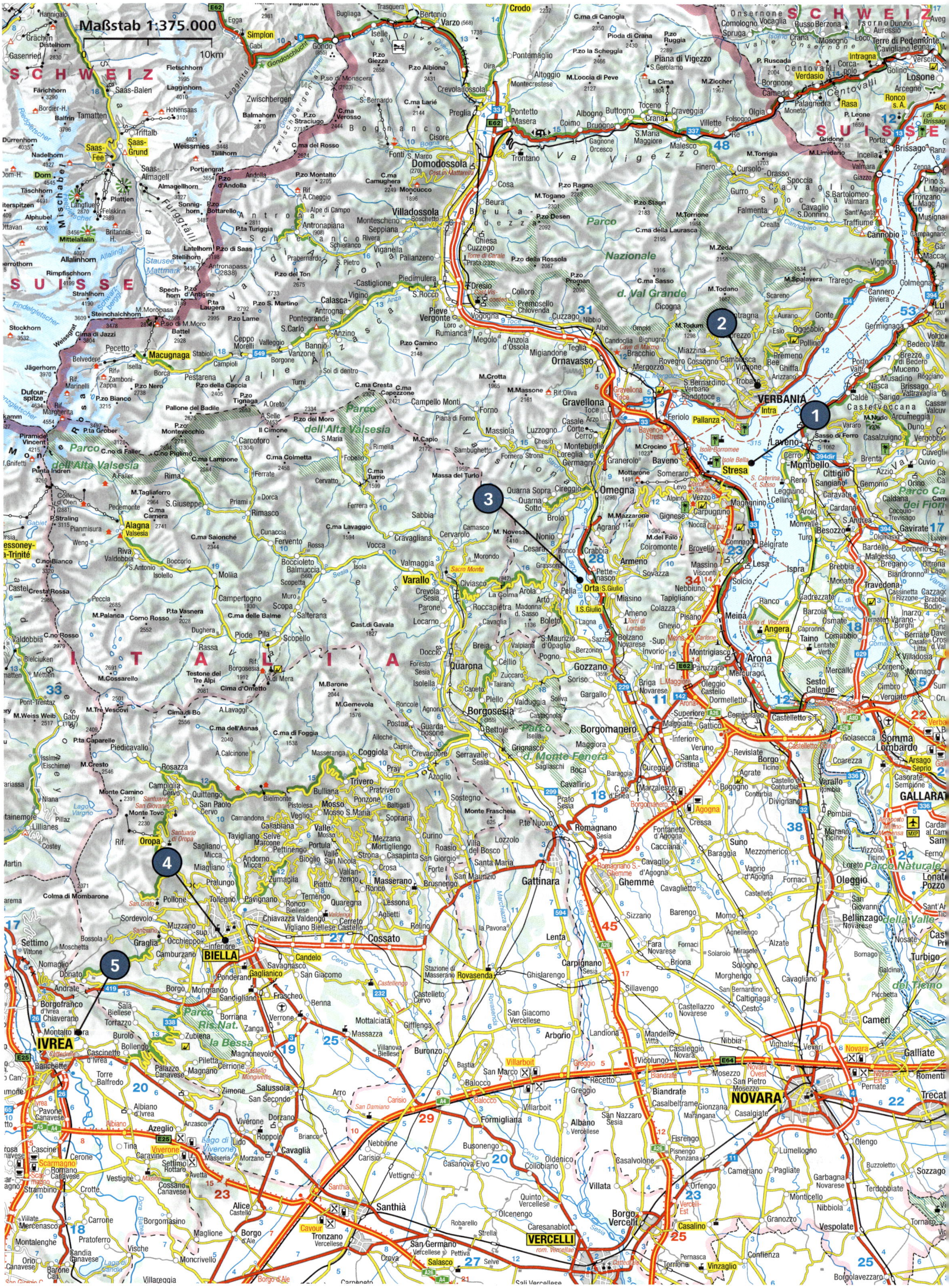
Maßstab 1:375.000
10km
SCHWEIZ
SUISSE
ITALIA
Parco Nazionale d. Val Grande
Parco dell'Alta Valsesia
Parco Ris. Nat. la Bessa
Parco d. Monte Fenera
Parco Naturale della Valle del Ticino
Simplon
Saas-Fee
Saas-Grund
Macugnaga
Domodossola
Villadossola
Verbania
Stresa
Intra
Pallanza
Laveno
Omegna
Orta
Varallo
Alagna Valsesia
Borgosesia
Gattinara
Arona
Angera
Borgomanero
Biella
Oropa
Ivrea
Santhià
Vercelli
Novara
Gallarate
Oleggio
Sesto Calende
1
2
3
4
5

Wasser, Wolle, Wortmaschinen

Noble Belle-Époque-Bauten künden von der Blüte des frühen Tourismus am Lago Maggiore; es beeindrucken Landschaft und sakrale Architektur in der Umgebung des Ortasees. Tosende Bergbäche machten die Bielleser Tuchindustrie erst möglich. Um Ivrea zeigt die Natur ihre Kraft in Gestalt eines gigantischen Moränenrings.

1 Stresa

Große Dichter wie Stendhal, Lord Byron oder Charles Dickens rühmten bereits den eleganten kleinen **Bade- und Luftkurort** (5000 Einw.) am Golf von Borromeo. Als Strixia 998 erstmals schriftlich erwähnt, entwickelte sich die ehemalige Fischer- und Bauernsiedlung zu Füßen des Monte Mottarone zunächst zum Lehnsgut diverser Herren. Ab Mitte des 15. Jh.s prägte die Mailänder Adelsfamilie Borromeo die Geschicke von Stresa; von 1748 an hatten die Savoyer das Sagen. Der Bau der Napoleonischen Straße und der Eisenbahnlinie – einst Station des Simplon-Orient-Express – förderte den touristischen Aufschwung.

Tipp

Seeklänge

Eine Vielfalt von Konzerten erklingt bei den zahlreichen Festivals der *laghi*, angefangen mit dem Festival Internazionale delle Settimane Musicali in Stresa (www.stresafestival.eu; Beginn Ende Juli, dann Ende Aug./Anf. Sept.) über das Festival Umberto Giordano im Juli in Baveno bis hin zu den Bluesklängen (www.amenoblues.it; Juni/Juli) und dem Gitarrenfestival Un paese a 6 Corde (www.unpaeseaseicorde.it) um den Lago d'Orta.

Einfach verlockend: die Aussicht über Stresas Dächer auf den Lago Maggiore, das Ristorante auf der Isola dei Pescatori, die „Margheritine".

SEHENSWERT
Am **Lungolago,** der begrünten Uferpromenade, künden noble Hotels und elegante Villen von der Blütezeit Stresas im 19. Jh. Reste der mittelalterlichen Burgringmauer sind noch im Park der **Villa Pallavicino** (19. Jh.) zu sehen. Die 20 ha große Anlage umfasst auch einen Zoo (www.parcozoopallavicino.it, März – Okt., tgl. ab 9.00 Uhr). Vom Hafen Stresas (ebenso wie von Baveno und Verbania aus) verkehren Boote zu den **Borromäischen Inseln** TOPZIEL. Direkt dem Ort gegenüber liegt die **Isola Bella** (Park und Palast der Borromäer), weiter nordwestlich erstreckt sich die **Isola dei Pescatori.** Das größte Eiland, die **Isola Madre** mit dem Botanischen Garten, sieht der Reisende auf halber Strecke von Baveno nach Verbania aus dem See ragen.

UMGEBUNG
Vom **Monte Mottarone** (1491 m, Seilbahn; 20 km westl.) bietet sich ein herrlicher Panoramablick zu den sieben umliegenden Alpenseen und Bergmassiven, u. a. jenem des Monte Rosa. **Arona** (18 km südl.), das südliche Tor zum Lago Maggiore, bezaubert durch seine Barock- und Renaissancebauten sowie Relikte mittelalterlicher Architektur.

INFORMATION
Ufficio Turistico Città di Stresa,
Piazza Marconi 16 (nahe der Schiffsanlegestelle), Tel. 0323 301 5 03 13 08,
www.stresaturismo.it

2 Verbania

Als „Garten am See" rühmt sich die jüngste und größte Gemeinde (31 000 Einw.) des mittleren Lago; sie ging aus dem Zusammenschluss von Intra mit Pallanza hervor. Die beiden Orte sind am Seeufer durch die Landzunge Promontorio della Castagnola getrennt, auf der zahlreiche historische Villen stehen.

SEHENSWERT
Eine der Villen ist die 1880 erbaute **Villa Taranto** (nicht zu besichtigen). Um sie erstreckt sich auf ca. 16 ha der Botanische Garten mit dem gleichen Namen (gegenüber der Schiffsanlegestelle; S. 36). Er beeindruckt durch das Zusammenspiel aus englischen und italienischen Gartenelementen. Den historischen Stadtkern von **Intra** prägen barocke und neoklassizistische Architektur (u. a. auf der Piazza San Rocco und in der Via de Bonis).
In **Pallanza** lassen sich zwischen Palazzi und Villen aus dem 15. bis 19. Jh. die beiden mittelalterlichen Ortskerne La Villa und La Piazza erkennen.

HOTEL
Von den seeseitigen Zimmern des 1870 erbauten **€ € € / € € € € Grand Hotel Majestic** hat der Gast einen herrlichen Ausblick über den Lago (Via Vittorio Veneto 32, Tel. 0323 50 97 11, www.grandhotelmajestic.it).

UMGEBUNG
Bei **Ghiffa** (6 km westl.) befindet sich einer der Sacri Monti. **Cannero** (16 km nördl.) führt wegen seines sehr milden Klimas den Zusatz Riviera. Auf zwei vorgelagerten Inselchen haben die Ruinen des Castello di Cannero und der Castelli di Malpaga (12./14. Jh.) überdauert. Die Promenade von **Cannobio** (22 km nördl.) gilt als eine der schönsten des Lago Maggiore. Westlich befindet sich der **Lago Mergozzo** (9 km) mit dem gleichnamigen Ort. Von einem Aussichtspunkt in **Montorfano** (9 km westl.) fällt der Blick auf die Mündung des Toce in den Lago Maggiore.

INFORMATION
Comune di Verbania,
Palazzo Civico – Piazza Garibaldi 15,
Tel. 0323 54 21, www.verbania-turismo.it

Tipp

Nachhaltigkeit im Fokus

Schritt für Schritt eroberte die Natur den Bereich zurück, der über Jahrhunderte durch Abholzungen und Viehwirtschaft umgestaltet worden war. Mittlerweile ist die Region westlich vom Lago Maggiore die größte „wilde" Fläche Italiens. Seit 2013 ist der Parco Nazionale della Val Grande als Geopark ausgewiesen. Thementouren geben Aufschluss über die Umwelt, spezielle Pflanzen oder Einflüsse der Zivilisation. Jede Route steht unter dem Zeichen der Nachhaltigkeit: Der Park erhielt die Charta für nachhaltigen Tourismus in Schutzgebieten.

www.parcovalgrande.it

Formen der Idylle: Kanufahrt über den Lago d'Orta bei San Giulio (oben), Klostergang in Sacro Monte di Oropa (rechts).

3 Orta San Giulio

Auf einer schmalen Halbinsel am Ostufer des Lago d'Orta drängt sich das für Autoverkehr gesperrte Orta San Giulio (1200 Einw.). Besucher bummeln durch die mittelalterlichen Gassen, vorbei an Häusern aus diversen Epochen.

SEHENSWERT
Seit dem 13. Jh. dient die von Palazzi, Laubengängen und Kastanienbäumen gesäumte **Piazza Mario Motta** als Marktplatz; an ihr befindet sich der Palazzo della Comunità (16. Jh.). Über die Seeseite des Platzes blickt man auf die legendenbehaftete, von ihrer romanischen Basilika geprägte **Isola di San Giulio,** einst fürstbischöfliche Sommerresidenz, heute noch Wohnstätte einiger Benediktinerinnen. Über dem Ortskern von Orta erhebt sich der **Sacro Monte,** ein Wallfahrtsort mit 20 Kapellen (www.sacri-monti.com, tgl. 9.00 – 16.30, im Sommer 9.30 – 18.30 Uhr).

INFORMATION
Ufficio Informazione Turistica,
Via Panoramica, Tel. 0322 90 51 63,
www.lagodortaturismo.it

4 Biella

Hervorgegangen ist die Stadt aus der antiken Siedlung Bugella Civitas. In der jungen Provinzhauptstadt (45 000 Einw.) am Fuß des Monte Mucrone und des Monte Camino spürt man noch den durch die Textilindustrie seit dem 19. Jh. erworbenen Wohlstand.

SEHENSWERT
In **Piano,** dem Talbereich des auf zwei Ebenen liegenden Städtchens, befinden sich der auf das 15. Jh. zurückgehende, in neogotischem Stil erweiterte **Dom** sowie das Baptisterium (10. Jh.). Vom einstigen Klosterkomplex hat sich die Kirche **San Sebastiano** aus der Renaissance erhalten. In einer ehemaligen Textilfabrik richtete Michelangelo Pistoletto 1998 das Ausstellungs- und Ideenzentrum **Cittadellarte** ein (www.cittadellarte.it, Besichtigung nur im Rahmen einer Führung: Fr. 14.00 – 15.30 Uhr, Sa., So. 11.00, 14.30, 16.30 Uhr). Von der Piazza Curiel fährt eine Standseilbahn (1885) in den mittelalterlichen Ortsteil **Piazzo.**

MUSEUM
Das **Museo del Territorio Biellese** (Museum des Biellese) im Kreuzgang von San Sebastiano (Via Quintino Sella 54/b, www.museodelterritorio.biella.it, Mi. – Fr. 10.00 – 18.30, mit Mittagspause, Sa./So. ab 15.00 Uhr) hat eine archäologische und eine kunsthistorische Abteilung.

UNTERKUNFT
In einem historischen Palazzo erwartet den Gast des B & B **€ € Del Piazzo** (3 Zi.) eine Mischung aus antikem und aktuellem Ambiente.

EINKAUFEN
In und um Biella gibt es eine Fülle an **Outlets,** darunter das Lanificio Cerruti (Via Cernaia 40, Biella, www.lanificiocerruti.com) und das Lanficio Colombo (Via Novara 263, Romagnano Sesia, www.lanificiocolombo.it).

UMGEBUNG
An der 50 km langen Themenroute **Strada della Lana** zwischen Biella und Borgosesia reihen sich zahlreiche Denkmäler der Tuchindustrie des Biellese. Der ab dem 17. Jh. errichtete Komplex **Sacro Monte di Oropa** (14 km nordwestl.) mit Gnadenbild, der **Sacro Monte**

»Nahezu jede Villa auf der piemontesischen Seite des Sees grenzte damals mit ihrem Grün unmittelbar ans Wasser.«

di Varallo (Bauten ab 15./16. Jh.) im oberen Sesiatal (52 km nördl.) und der **Lago di Viverone** (24 km südl.) – eine der 111 Fundstellen prähistorischer Pfahlbauten im Alpenbogen – gehören zum UNESCO-Welterbe.
Gut ein Dutzend befestigter spätmittelalterlicher Speicherburgen *(ricetti)* war einst im Biellese verstreut; einzig komplett erhalten ist jene in **Candelo** (5 km südöstl.), dessen Gassen sich im Mai stets in ein Blumenmeer verwandeln (www.prolococandelo.it). Botanische Pracht entfaltet etwa zur selben Zeit der Parco della Burcina in **Pollone** (6 km nordwestl.; www.parcoburcina.org). Über mehr als 100 km² erstreckt sich die Landschaft der **Oasi Zegna** (28 km nordöstl.; www.oasizegna.com).

INFORMATION
ATL Biella, Piazza Vittorio Veneto 5,
Tel. 015 35 11 28, www.atl.biella.it

5 Ivrea

Zentrum des Canavese und umgeben von einem Moränengürtel ist das von den Römern am Nordufer der Dora Baltea als Eporedia gegründete Städtchen (24 000 Einw.). Es ist vor allem mit dem Namen Olivetti verbunden.

SEHENSWERT
Wahrzeichen der Altstadt ist das **Castello dalle rosse torri** (1358; Mai – Okt., So. 15.00 bis 18.00 Uhr) mit seinen markanten Türmen. Gegenüber der Burganlage erhebt sich an der Piazza del Duomo der Bischofspalast sowie der **Dom Santa Maria Assunta** mit neoklassizistischer Fassade und barockem Interieur; seine Ursprünge gehen auf das 10. Jh. zurück. Parallel zum Corso Umberto spaziert man am Fluss und dem Schifffahrtskanal entlang über die **römische Brücke** auf die andere Uferseite zur Via Jervis. An der Straße findet sich die Anlage des Museo a cielo aperto dell'architettura moderna di Ivrea mit den **Olivetti-Bauten** (www.maam.ivrea.it). Die Kirche **San Bernardino** (15. Jh.) bewahrt eines der Hauptwerke piemontesischer Freskenmalerei. Bei den Bauarbeiten für einen Fußgänger- und Fahrradsteg zwischen der Altstadt und dem **Parco Dora Baltea** wurden Reste einer zweiten römischen Brücke gefunden, die zu einer ausgedehnten antiken Hafenanlage gehörte.

MUSEUM
Im restaurierten Kloster Santa Chiara (Piazza Ottinetti) zeigt das **Museo Civico Pier Alessandro Garda** (www.museogardaivrea.it, Di. bis Fr. 9.00 – 13.00, Sa., So. 15.00 – 19.00 Uhr) u. a. archäologische und asiatische Exponate.

VERANSTALTUNGEN
Der historische **Karneval** umfasst die *battaglia delle arance* (Orangenschlacht; s. S. 48).

INFORMATION
L'Ufficio Turismo di Ivrea,
Piazza Ottinetti, Tel. 0125 6 18 11 31,
info.ivrea@turismotorino.org

Genießen Erleben Erfahren

DuMont Aktiv

Wellness in vielen Varianten

Sauna mit Seeblick, Work-out auf Gipfelhöhe, Relaxen in der Salzgrotte: Die Palette der Wellnessangebote ist im Piemont breit gefächert. Bei den Wohlfühlangeboten kommen auch Kräuter und Trauben der Region zum Einsatz.

Fünf antike Vie del Sale durchziehen das Piemont; vom Ligurischen Meer gelangte auf ihnen das kostbare weiße Gold des Meeres über die Alpen. Bis heute spielt Salz eine wichtige Rolle im piemontesischen Alltag – kein Wunder also, dass auch dies dem körperlichen Wohlbefinden dienlich gemacht wird.

Beinahe schwerelos schweben wir in einem Felsenbad in hochmineralischem, magnesium- beziehungsweise sodiumreichem Salzwasser. Die Fenster weisen zu den Weinhügeln. Unsere Muskeln und Extremitäten geraten darin in einen wohligen Entspannungszustand. Alles lockert sich, auch die Gedanken gehen auf Reisen bei dieser Wasserbehandlung – zurück in den Mutterleib, sagen manche sogar. Wir fühlen uns beim „Kuss des Neptuns", wie die Anwendung poetisch umschrieben ist, leicht wie ein Vogel in den Lüften, denken zurück an den wolkenlosen Himmel über dem zwar kühlen, aber das prächtige Azur spiegelnden Pool.

Scheinbar grenzenlos ist dieser Pool auf der Dachterrasse am Ufer des Lago Maggiore, weil nur von Glasplatten umgeben. Und Erinnerungen an die kundigen Hände steigen auf, die an den Tagen zuvor Melisse, Salbei, Rosmarin, Thymian, Honig und Salz sowie Weintrauben und deren Saft auf unserem ganzen Körper verteilt hatten, sodass die Haut am Ende samtweich und wohlriechend war.

Die Massage unter Einbezug von Weintrauben liegt in dieser Landschaft nahe …

Weitere Informationen

Am Lago Maggiore konzentriert sich das Wellnessangebot in Stresa (z. B. Hotel Palma). Die Salzgrotte zählt zum Spa des luxuriösen Relais San Maurizio in Santo Stefano Belbo, wo auch Trauben- und Kräutersäckchen-Massagen angeboten werden.

Hotel La Palma
Lungalago Umberto I 33,
Stresa, www.hlapalma.it

Relais San Maurizio
Località San Maurizio 39,
Santo Stefano Belbo,
www.relaissanmaurizio.it

Wege zu den Majestäten aus Stein

In Europas höchster Gipfelregion, selbst umgeben von zwei Dutzend Viertausendern, gründeten die Römer Augusta Praetoria, das heutige Städtchen Aosta. Im Laufe der Zeit entstanden um die antike Siedlung herrliche Sommerfrischen und abwechslungsreiche Wintersportziele. Zudem säumen Burgen und Rebhänge das weite Hochtal an der Grenze zu Frankreich und der Schweiz.

Durch eine gigantische Bergwelt führen die Wanderungen im Valpelline, einem Nebental des Aostatals.

Stärkung in aller Vielfalt nach der Wanderung bei Bionaz

Wenn denn die Kuh keinerlei Ambitionen beim Kuhwettkampf im Aostatal zeigt, muss sie wohl auf die Siegerstraße gezwungen werden …

Nahe Cogne erstreckt sich der Nationalpark Parco Nazionale Gran Paradiso – ein Wandergebiet, in dem Natur- und Umweltschutz eine Einheit bilden.

In ihrer Maison bei Nus verfolgt Elena Rosset das Prinzip des Agriturismo.

Leise legt sich die Herbstfärbung über den Parco Nazionale Gran Paradiso bei Cogne.

Das „Große Paradies" liegt in einer der kleinsten Regionen Italiens. Fast alle ihre Bewohner sprechen zwei Sprachen und besitzen zweisprachige Ausweispapiere. Kein Wunder, denn kaum fünf Kilometer hinter La Palud, dem letzten Ort des Valle d'Aosta, beginnt französisches Territorium. Und bis 1946 gehörte das Tal zu Füßen des Viertausendermassivs Gran Paradiso (samt dem gleichnamigen, bereits 1922 eingerichteten ersten Naturpark Italiens) mit nur drei kurzen Unterbrechungen zum Herrschaftsgebiet des Hauses Savoyen. Daher tragen auch alle Orte am Ufer des Flusses Dora Baltea und die meisten Skistationen, Hotels, Straßen in den valdostanischen Nachbartälern französische Bezeichnungen. Wieder, muss man sagen, denn zu Zeiten des Faschismus wurden im Zuge rigider Italianisierungsmaßnahmen auch alle Gemeinden in der heute autonomen Region umbenannt.

„Viele französischsprachige Valdostaner wanderten damals aus, viele andere wiederum leisteten als Partisanen heftigsten Widerstand", erzählt Silvana vom L'Istituto storico della Resistenza in Valle d'Aosta, einer Einrichtung, die nicht nur den antifaschistischen Widerstand im Tal seit seinen Anfängen dokumentiert, sondern auch zur Geschichte des Faschismus und Italiens im 20. Jahrhundert forscht und informiert – und aktuelle Tendenzen nie aus den Augen lässt.

Thermen und Wein

Weit zurück in die Zeit der Römer reicht indes die Geschichte des Weinbaus im Valle d'Aosta. Heute ziehen sich die Rebzeilen aber nicht nur um den Hauptort Aosta, sondern von den Hängen des Monte Rosa über jene am Saum des Monte Emilius bis kurz vor die Wintersport-Hochburg Courmayeur im Angesicht des Montblanc. Schon die Römer nutzten auch die Thermen des Tals; während der Belle Époque kamen die heißen Wässer dann erneut in Mode.

Am Ufer der Dora Baltea tragen die Orte französische Namen.

Ein regelrechter Bädertourismus entwickelte sich und entsprechende Etablissements entstanden, etwa in Pré-Saint-Didier und um die 1770 entdeckte Quelle von Saint-Vincent.

Letztere bildet inzwischen das Herzstück eines modernen Kurzentrums mit einem umfassenden und vielfältigen Spa- und Wellnessangebot.

Fröhliche Festlichkeiten

Vor der prächtigen Kulisse majestätischer Alpengipfel lebte nach den politisch dunklen Zeiten unter Mussolini aber nicht nur das *benessere*, das Wohlergehen, wieder auf, sondern auch uraltes Kulturgut. So feiert das von rund 80 Burgen und Schlössern flankierte Valle d'Aosta beispielsweise einen farbenfrohen Karneval mit historischen Masken, Kostümen und Tänzen. Hochburg ist hierbei Verrès. Auf ihren *fiere*, den volksfestartigen Märkten, stellen die Valdostaner zudem traditionelle und aktuelle Handwerkskünste unter Beweis – von der Holz- und Steinverarbeitung bis hin zum Spitzenklöppeln und Schmieden. Schon früh wurden im nahen Val di Cogna feine Fäden zu filigraner Zier verarbeitet und Erze für die Eisen- und Stahlproduktion gefördert.

Um Kulinarisches ranken sich indes die zahlreichen *sagre* des Aostatals, eine Art Dorffest, wie die Sagra della frutta in Fénis oder die Sagra del lardo, das Speckfest, in Arnad. Fröhlich huldigen

Ganz puschelig – so stiehlt der kleine »cane« in der Fußgängerzone von Aosta allen die Schau ...

Die weite Piazza Emilio Chanoux ist das Zentrum der geschäftigen Stadt Aosta. Blickfang ist der Palazzo Municipale, das Rathaus, mit seinen Bogengängen.

In diesem Licht hat die Burg Aymavilles bei Cogne schon Anklänge an ein Märchenschloss. Sie ist von einem schönen Park umgeben, in dem auch Konzerte stattfinden.

Im Kreuzgang des Klosters Santi Pietro ed Orso in Aosta haben sich zahlreiche Kapitelle aus geschwärztem Marmor erhalten – einzigartig im Piemont.

Special

Via Francigena

Europas ältester Verkehrsweg

Pilger, Würdenträger und Kaufleute gelangten bereits im Mittelalter auf festen Routen vom Norden Europas in den Süden. Via Francigena nannten die Reisenden häufig ihren Weg. Aber diese „Frankenstraße" im eigentlichen Sinne gibt es nicht. Denn es war ein ganzes System von Wegen und Straßen, das das nördliche Europa einst mit Rom verband. Auch antike Trassen wie die Via Emilia, die Via Cassia und die Via Aurelia zählten dazu. Menschen jeglicher Herkunft und jeglichen Standes gelangten auf diesen Vie Francigene in die Ewige Stadt. Einer von ihnen, Erzbischof Sigerich der Ernste von Canterbury, dokumentierte seine Tour aus der heimatlichen Grafschaft Kent zum Grab des Apostels Petrus detailgenau: Er verfasste anno 996 ein erstes vollständiges Routenverzeichnis des Pilgerweges, für den sich im Laufe der Jahrhunderte dann der Name Via Francigena einbürgern sollte. Seine

Auf alten Pfaden durchs Aostatal

Reise führte den englischen Hirten unter anderem durch das Aostatal.

Und nicht nur hohe kirchliche Würdenträger reisten auf dem 876 erstmals schriftlich erwähnten Frankenweg nach Rom; auch Adelige und zukünftige Könige nutzten den wichtigsten Verkehrsweg Europas, um am Tiber ihre neuen Ämter und Titel entgegenzunehmen. 1994 erklärte der Europarat die Via Francigena zu einer der Kulturstraßen Europas.

die Valdostaner auch ihren vierbeinigen Milch- und Fleischlieferanten: beim Wettkampf der Ziegen und Kühe im Herbst. Wochenlang werden bei diesen *batailles des reines,* den Kämpfen der Königinnen, die mutigsten und klügsten Tiere ermittelt – in fast allen Orten des Tales. Den Appetit auf Käsespezialitäten wie Fontina, Vallée d'Aosta Fromadzo und Toma di Gressoney lässt sich dadurch niemand verderben; im Gegenteil. Auch die *mocetta,* eine Art kleine Bresaola aus Ziegen-, Lamm- oder Rindfleisch, und die *supetta,* eine im Ofen überbackene Suppe aus Brot und Reis, mundet unverändert köstlich.

Die unberechenbare Bestie

Sorgen machen die Valdostaner sich über eine „brutale Bestie, die wir nicht stoppen können", wie Franco Gabrielli sagt. Italiens oberster Zivilschützer spricht von der anhaltenden Bedrohung des Tals durch einen gewaltigen Erdrutsch. Rund 400 000 m³ Geröll sind Messungen zufolge am Monte di La Saxe unweit des Montblanc-Tunnels ständig millimeterweise in Bewegung. Im April 2014 rutschten bei der Ortschaft La Palud rund 200 000 m³ Felsgestein zu Tal. Eine gut 700 m lange und ca. 11 m hohe Schutzmauer soll den Erdbewegungen Einhalt gebieten.

Die schönsten piemontesischen Feste

Orangenwurf und Eselshieb

Um Wein und kulinarische Spezialitäten dreht sich das Gros der piemontesischen Feste. Aber auch historische Ereignisse leben festlich immer wieder auf in der Region – vom Wettkampf der Tiere bis zum Aufstand des Volkes gegen Belagerung und Tyrannei.

2

9

1 Festival di Fuochi d'artificio

Einen ganzen Sommermonat lang steht das Gebiet um den Lago Maggiore und den Lago d'Orta im Zeichen von Feuerwerkspektakeln. Sieben pyrotechnische Shows, teils mit Musik untermalt, erhellen den Abendhimmel über den beiden Seen, in den Valli Ossolane und im Parco del Ticino. Die Motive der Lichter zeichnen sich durch subtile Farbigkeit und filigrane Vielfalt aus; sie erinnern an Blumen, Palmen und Federbüsche.

u. a. in Verbania, Cannobio und Omegna, Ende Juli bis Ende August

2 Orangenschlacht

Zentrale Figuren des Karnevals von Ivrea sind eine rebellische Müllerstochter *(mugnaia)* und ein napoleonischer General. Ihr Auftritt wird von Reitoffizieren, Marketendern, Fahnenträgern und dem Magnifico Podestà als Garant der Bürgerfreiheit gerahmt. Höhepunkt des Geschehens, das sich um die Auflehnung des Volkes gegen die Obrigkeit rankt, ist die Orangenschlacht *(battaglia delle arance)*. Zuschauer sollten sich bei dem feuchten Spektakel besser hinter den Absperrnetzen aufhalten und rutschfeste Schuhe (oder Gummistiefel) tragen.

Ivrea, www.storicocarnevaleivrea.it, Februar

3 Carnevale Storico di Verrès

„Vive Introd et Madame di Challant!" Dieser begeisterte Ausruf geht auf die historische Tatsache zurück, dass Caterina di Challant anno 1450 mit ihrem Gatten von ihrer Burg herabstieg und dann allein zu Trommelschlägen und Pfeifenklängen inmitten der Dorfjugend tanzte. Er ist noch heute zentrales Element des historischen Karnevals von Verrès. Neben dem fröhlichen und farbigen Straßentreiben inklusive Auftritt der mittelalterlichen Majestäten umfasst sein Programm auch einen Ball im Schloss.

Verrès, www.carnevaleverres.it, Februar

4 Sagra dello Stufato d'Asino

Essen und Musik – in Calliano bedeutet das zumindest einmal im Jahr, dass es auf der Piazza Marconi deftigen Schmorbraten vom Esel gibt, dazu wird Polenta gereicht. Es bedeutet auch, dass *agnolotti* (gefüllte Teigtäschchen) und kleine Eselsalamis im Rahmen dieses kleinen authentischen kulinarischen Festes aufgetischt werden.

Calliano, www.prolococalliano.it, Ende August

5 Assedio di Canelli

Viel mehr ein Akt der gemeinsam erlebbar gemachten Geschichte als lediglich ein historisches Kostümfest ist die Nachstellung der Belagerung von Canelli im Jahre 1613. An die Tausend Canellesi beteiligen sich während der beiden Tage am Geschehen an der Porta San Tommaso, in der Kirche San Giuseppe, auf der Piazza San Leonardo, in den Osterien und Tavernen des Städtchens – sowie auf dem Schlachtfest Prati Gancia.

Canelli, www.assediodicanelli.it, Mitte Juni

6 Moscato Canelli

Seit 2014 richtet Canelli auf den Plätzen, in den Gassen und Höfen seiner „Sternia", dem mittelalterlichen Zentrum der Stadt, jeden Sommer einen önogastronomischen Festparcours aus: An insgesamt zehn Stationen können die Teilnehmer dort vom frühen Abend bis spät in die Nacht hinein den typischen Moscato der Region kosten und dazu entsprechende lokale Spezialitäten probieren. Bezahlt wird übrigens nur in „sternien", der besonderen Währung für diesen Tag.

Canelli,
www.moscatocanelli.it, Juli

7 Palio degli Asini

Auf eine Verspottung des historischen Rivalen Asti während des Krieges von 1275 geht der fast ebenso prächtige Palio von Alba zurück – ausgetragen wird er allerdings mit störrischen Eseln *(asini)* statt mit stolzen Rossen. Bei diesem „Rennen" treten die neun Stadtbezirke Albas gegeneinander an; vor dem Start gibt es einen festlichen Umzug durch die Straßen der Stadt, bei dem die Teilnehmer historische Kostüme tragen und von Fahnenschwingern und Fanfarenbläsern begleitet werden (gestartet wird an der Piazza Michele Ferrero). Am Schluss stellt jeder Stadtteil eine Szene aus dem Mittelalter dar. Der eigentliche *palio* besteht aus zwei Runden und einem Finale (auf dem Piazza Medford).

Alba,
www.fieradeltartufo.org,
1. Sonntag im Oktober

8 Mangialonga

Schon seit gut drei Jahrzehnten gibt es diesen kulinarischen Spaziergang, der über vier Kilometer auf den Wegen des Barolo durch die Rebhügel von La Morra führt. Unterwegs sind Köstlichkeiten der Region zu genießen – sowohl in fester als auch in flüssiger Form. Wer sich besonders fantasievoll für diesen Ausflug schmückt, erhält einen Preis.

La Morra,
www.mangialonga.it,
Ende August

9 Sagra della Nocciola

Fast eine ganze Woche lang feiert Cortemilia die piemontesische Haselnuss – mit Musik, Fotoausstellung, önogastronomischen Spaziergängen, Feuerwerk, Ständen typischer weiterer Produkte aus der Langhe – und der Preisverleihung an den „Besten Botschafter der Nuss" durch die Bruderschaft Confraternita della Nocciola Tonda Gentile di Langa. Selbstverständlich umfasst das Programm auch einen Straßenumzug, bei dem Haselnüsse ins Publikum geworfen werden.

Cortemilia,
www.comunecortemilia.it,
Mitte/Ende August

S C H W E I Z
S U I S S E
F R A N C E
I T A L I A
AOSTA
Parco Nazionale del Gran Paradiso
Parco d. Mont Avic
Parc National de la Vanoise
Courmayeur
Chamonix-Mont-Blanc
Breuil-Cervinia
Châtillon
St. Vincent
Cogne
IVREA
BIELLA
Maßstab 1:375.000
0
10km
1
2
3
4
5

Alpenpanorama plus Antike

Das Viertausenderquartett Montblanc, Monte Rosa, Matterhorn (Cervino) und Gran Paradiso prägt die Skyline des weiten Tales, in dem schon die Römer auf dem Weg gen Norden ihre Spuren hinterließen. Ortsnamen wie Courmayeur, Cogne oder Saint-Vincent erinnern an das französische Erbe der autonomen Region.

1 Aosta

„Roma delle Alpi" nennt sich **Aosta** TOPZIEL (35 000 Einw.), die größte und namengebende Stadt des Aostatals. Tatsächlich gehen die Anfänge der Gemeinde zu Füßen des Monte Emilius (3559 m) weiter zurück als bis in die Zeit der Römer. Lange vor Gründung des antiken Militärlagers Augusta Praetoria (benannt nach Kaiser Augustus) anno 25 v. Chr. siedelten an der Mündung des Buthier in die Dora Baltea keltische Stämme. Heute umziehen den Stadtkern des jahrhundertealten Bischofssitzes die beiden Flüsse sowie die Autobahn A 5 im Süden und die Superstrada 26 im Norden. Aosta ist das wirtschaftliche wie das kulturelle Zentrum des gesamten Tales; seine strategische Lage zwischen zwei Alpenpässen – der Große und der Kleine Sankt Bernhard sind kaum 40 km entfernt – machten es über Jahrhunderte zu einem militärisch begehrten Ziel.

Nicht Verteidigungszwecken, sondern als repräsentativer Wohnsitz diente die Burg Fénis – auch wenn die noch heute beeindruckenden, meterdicken Mauern Ersteres erwarten ließen.

SEHENSWERT
Antike Straßen, historische Brunnen, Kapellen, Paläste und Wohnhäuser aus diversen Epochen – die lebendige Kleinstadt Aosta besitzt ein reiches bauliches Erbe. Zu den wichtigsten Monumenten zählen die nahezu intakte römische Stadtmauer mit der **Porta Praetoria** im Osten, einem der wenigen erhaltenen antiken Stadttore weltweit, sowie der ihr vorgelagerte **Augustusbogen.** Auch die Wehrtürme lassen sich noch zuordnen; auf ihren Grundfesten wurden im Mittelalter die Residenzen u. a. der Landvögte (Torre dei Balivi, Nordosten) und jener Adeligen erbaut, die große Abschnitte der Mauer kontrollierten, so auch die der Familie des Conte d'Aosta (Torre di Bramafam, Süden). Auf dem Platz vor dem Bahnhof steht der repräsentativste der Stadttürme, die Torre del Pailleron, einst als Strohlager genutzt. **Relikte des römischen Theaters** birgt der über die Via Porta Pretoriane zu erreichende Parco Archeologico.
Ein Freskenzyklus des 11. Jh.s beeindruckt in der Klosterkirche SS. Pietro ed Orso westlich des Augustusbogens; der Kreuzgang weist romanischen Kapitellschmuck auf.
Die westlich des römischen Theaters gelegene Kathedrale Santa Maria Assunta geht auf das 5. Jh. zurück. Das mehrfach umgestaltete Gotteshaus bezaubert u. a. durch Fußbodenmosaike aus dem 12. und 14. Jh. und ottonische Fresken, auch ein Chorgestühl befindet sich hier. Gleich links neben der Kathedrale ist der römische Kryptoportikus zugänglich, dessen Funktion nicht eindeutig geklärt ist. Der Bereich von St-Martin-de-Corléans im Westen umfasst die größte Dichte megalithischer Denkmäler in Italien (April–Sept. 9.00 – 19.00, Okt. – März 10.00 –13.00, 14.00 – 18.00 Uhr).

VERANSTALTUNG
Berühmt ist die Handwerksmesse **Fiera di Sant'Orso** (30./31. Januar), die sich über das Zentrum verteilt.

UMGEBUNG
Am Eingang des Valle di Saint-Barthélemy liegt unterhalb der Burg von Pilatus das Örtchen **Nus** (4 km östl.). Es befindet sich auf einer Anhöhe zwischen Kastanienhainen und Weinbergen und ist bekannt für die Reben des Vien de Nus, dem jeweils am zweiten Maisonntag ein

Tipp

L'Artigianato

Institut Valdôtain de l'Artisanat de Tradition (IVAT) nennt sich ein von der Regionalverwaltung eingeführter Verband, der als Anlaufstelle rund um das traditionelle Handwerk im Tal dient. Ihm unterstehen auch Geschäfte wie das vor mehr als 70 Jahren eröffnete L'Artigianato in Aosta. In dessen Räumen kommen Bildhauerarbeiten und Mobiliar sowie Gebrauchsgegenstände wie Trinkschalen, Teller, Schüsseln, Vasen etc. zusammen. Ein schöner Platz zum Stöbern.

Shop: Piazza Chanoux 11, Aosta
Institut: www.lartisana.vda.it

Fest gewidmet wird. Am 5. August indes wird bei Saint-Barthélemy (20 km östl.) im **Santuario di Cunéy** (17. Jh.), dem höchstgelegenen Wallfahrtsort Italiens (2656 m), die Madonna delle Nevi (Maria Schnee) geehrt. Der Innenhof der mittelalterlichen Burg von **Fénis** ist schön freskiert (5,5 km östl.; Öffnungszeiten in der Touristeninformation erfragen). Zu Füßen des Castello kündet das Museo dell'Artigianato Valdostano di tradizione von der Handwerkskunst des Aostatals (Fraz. Chez-Sapin 86, April – Okt. Di. – So. 10.00 – 18.00 Uhr).
In **Bionaz** (26 km nordöstl.) bilden Mountainbiken und Langlauf sportliche Schwerpunkte. Das engste und ursprünglichste Tal der Region ist das **Valsavarenche** (35 km südwestl.). Vom Tal sind diverse Touren ins Massiv des Gran Paradiso möglich. In Erinnerung an den Savoyer Regenten entstand das königliche **Jagdhaus Orvieille.** Von dem Jagdhaus-Plateau wie von dem noch etwas höher gelegenen Djouan-See bieten sich fantastische Ausblicke auf Gletscher und Gipfel. Das kleine Nationalpark-Besucherzentrum im fußläufig erreichbaren Weiler **Dégioz** widmet sich in einer Dauerausstellung den Raubtieren des Parks.

INFORMATION
Ufficio del Turismo Aosta, Piazza Porta Praetoria 3,Tel. 0165 23 66 27, www.lovevda.it

Tipp

Alpengarten Paradisia

Benannt nach der zartblütigen weißen Berglilie (Paradisia Liliastrum), umfasst der Giardino Botanico Alpino Paradisia heute rund 1000 Blumen- und Pflanzenarten des Alpen- und Apenninraums sowie einige Beispiele der Bergflora Asiens, Amerikas und anderer Gebiete. Zwei Wanderpfade mit schönen Ausblicken erschließen den auf 1700 m Höhe gelegenen Garten.

WEITERE INFORMATIONEN
Fraz. Valnontey, Cogne, Tel. 0165 74 92 64, Juni und Sept. 9.00 – 17.30, Juli/Aug. 9.00 – 18.30 Uhr, 3 €, regelm. Führungen, Audioguide

Skisport ist das große Thema in der Region. Das Paar Nakajima vor dem Cave du Cogne (re.). Fußgängerzone in Courmayeur (u.).

② Courmayeur

Seit dem 19. Jh. beliebt als Bergsport-Destination, entwickelte sich Courmayeur (3000 Einw.) zu einem trendig-mondänen Skitourismusziel. Vom Ort, der in einem weiten Talkessel zu Füßen des Montblanc liegt, bietet sich ein großartiges Gebirgspanorama.

SEHENSWERT
Herz und Mittelpunkt von Courmayeur ist die **Via Roma.** Nur ein paar Schritte von ihr reckt an der Piazza Abbé Henry die **Chiesa di San Pantaleone e San Valentino** (11. – 18. Jh.) ihren Turm in den Himmel. Im Ortsteil Entrèves ist ein **befestigtes Haus** von 1391 erhalten.

MUSEUM
Die Casa delle Guide, das Haus des Bergführervereins, birgt das kleine **Museo Duca degli Abruzzi** (Strada per il Villair 2, Öffnungszeiten: Tel. 0165 2 84 20 64).

AKTIVITÄTEN
Die beiden miteinander verbundenen Skigebiete Chécrouit und Val Veny bieten **Abfahrtspisten** mit einer Länge von mehr als 100 km; im Val Ferret sind es 35 km. Ein **9-Loch-Golfplatz** hat spektakuläre Passagen. Einzigartige Panoramen verspricht bei gutem Wetter die **Seilbahnfahrt** von La Palud über das Montblanc-Massiv bis ins französische Chamonix (1,5 Std.; Zwischenstopps sind möglich).

HOTEL
Das **€ € / € € € Hotel Berthod** (Via Maria Puchoz 11, www.hotelberthod.com) hat Tradition.

INFORMATION
Ufficio del Turismo Courmayeur,
Piazzale Monte Bianco 15,
Tel. 0165 84 20 60, www.lovevda.it

③ Cogne

In einem breiten Talkessel am Rand des Naturparks Gran Paradiso, dem ältesten Nationalpark Italiens, liegt Cogne (1534 m) in einem südlichen Nebental des Val d'Aosta. Das Gebiet ist heute von Mischwald und den weiten Wiesen von Sant'Orso umgeben. Die 1500-Seelengemeinde ist für ihre Klöppelarbeiten bekannt.

SEHENSWERT
An die lange Bergbautradition (bis 1979) der Region erinnern die **Magnetitminen** von Liconi, Colonna und Costa del Pino an den Hängen des Monte Creya; ihrer Geschichte widmet sich auch eine Ausstellung im Besucherzentrum des Nationalparks Gran Paradiso (www.grand-paradis.it) im einstigen Bergbaudorf Villaggio dei Minatori. In der **Cooperativa les Dentellières** (Via Grappein 50, tgl.) lebt die lokale Tradition des Spitzenklöppelns weiter.

AKTIVITÄTEN
Die Umgebung von Cogne eignet sich vor allem für **Langlauf** (70 km Loipen um Epinel, Lillaz und Valnontey) sowie zum **Wandern.** Von Cogne verkehrt ganzjährig eine Kabinenseilbahn zum Montzeuc (leichte bis mittelschwere Abfahrtpisten); per Sessellift geht es auf den Grand Crot (2242 m). In Lillaz und Valnontey locken mehr als 130 Wasserfälle im Winter zum **Eisklettern,** im Sommer zum **Baden.**

RESTAURANT
Ristorante, Enoteca, Tearoom und Weinbar ist **€ € / € € € La Cave de Cogne**, Rue Bourgeois 50, www.lacavedecogne.com (mit Shop).

UMGEBUNG
Der aus der Römerzeit stammende Aquädukt von **Pondel** (Pont d'Aël, 3. Jh. v. Chr., 18 km nördl.) überspannt die Schlucht des Wildbachs Grand Eyvia über mehr als 50 m Länge und ist gut 80 m hoch. Am Eingang des Val di Cogne thront die im Mittelalter von der Adelsfamilie Challant von Fénis errichtete **Burg Aymavilles** (20 km nördl.).

INFORMATION
Ufficio del Turismo Cogne,
Rue Bougeois 34, c/o Maison de la Grivola,
Tel. 0165 7 40 40, www.cogneturismo.it

④ Saint-Vincent

Sein mildes Klima trug dem modernen **Thermalkurort** (4700 Einw., ca. 575 m) Vergleiche mit Zielen an der Riviera ein. Mit Entdeckung der Mineralquelle Fons Saluti im 18. Jh. begann die touristische Blüte des Ortes; die Eröffnung des großen Spielcasinos La Vallée 1927 sorgt seither für weiteren Gästezustrom.

SEHENSWERT
Ab dem 11. Jh. von Benediktinermönchen in romanischem Stil erbaut und danach umgestaltet, birgt die Pfarrkirche **San Vincenzo** mit ihrem kleinen Museum u. a. eine „Madonna in trono con bambino" (Thronende Maria mit Kind) aus dem 14. Jh. Aus dem 7./8. Jh. stammen die Säulen der Hallenkrypta.

AKTIVITÄTEN
Am Colle de Joux liegt ein kleines **Alpinskigebiet** (7 km Piste).

UMGEBUNG
Romanischen Ursprungs ist die freskengeschmückte Pfarrkirche San Martino in **Arnad** (10 km südl.). Am Eingang zum Aostatal thront auf einem Felsen über dem gleichnamigen Ort die **Festung Bard** (www.fortedibard.it; 15 km südl.). Das mächtige Bauwerk birgt das Museo delle Alpi sowie Le Alpi dei Ragazzi (Di. – So.), einen interaktiven Parcours für Kinder.

INFORMATION
Ufficio del Turismo Saint-Vincent,
Via Roma 62, Tel. 0166 51 22 39,
www.comune.saint-vincent.ao.it

⑤ Breuil-Cervinia

Bereits Ende des 18. Jh.s Etappenziel bei Expeditionen zum Matterhorn, entwickelte sich die auf ca. 2000 m Höhe gelegene 700-Seelen-Gemeinde am Ende des Valtournenche seit Eröffnung der ersten Seilbahn 1936 zum zweitwichtigsten Urlaubsort des Aostatales.

AKTIVITÄTEN
350 km **Skipiste** und einen **18-Loch-Golfplatz** in rd. 2000 m Höhe bietet die Region.

VERANSTALTUNGEN
Berge sind Thema beim **Cervino International Film Festival** (Ende Juni). Das **Fest der Bergführer** (Festa delle Guide, 15. Aug.) umfasst folkloristische wie alpine Darbietungen.

UMGEBUNG
Auf dem Plateau Rosà dokumentiert das **Museo del Lavoro** den Bau der historischen Seilbahnen (tgl. ab 10.00 Uhr bei Seilbahnbetrieb). Die Eisgrotte des **Piccolo Cervino** liegt bereits auf 3885 m (tgl., Seilbahn bis Plateau Rosà).

INFORMATION
Ufficio del Turismo Breuil-Cervinia,
Via Circonvallazione 2, Tel. 0166 94 91 36,
cervinia@turismo.vda.it

Genießen Erleben Erfahren

DuMont Aktiv

Glück auf zwei Brettern

Im Aostatal kommen Skifahrer jeglichen Niveaus auf ihre Kosten: Sanfte Pistenhänge gibt es hier ebenso wie wunderbare Tiefschnee- und Tourenstrecken – grandioses Montblanc-Panorama inklusive.

Eine strahlende Bergsonne lockt uns an diesem letzten Januarmorgen früh aus dem Bett. Vom Hotel ein paar Schritte über die Hauptstraße und die Dora Baltea – und schon stehen wir an der Gondelbahn. Sie bringt uns von Courmayeur hinauf zum Plan Chécrouit, dem Ausgangspunkt für mehr oder minder alle Pisten. „Fahrt die nördlichen", hatte uns ein Zimmernachbar beim Frühstück geraten, „dann habt ihr fast immer den Montblanc im Blick." Wir entscheiden uns zum Anfang jedoch für die sanfteren Südstrecken – und finden uns rasch in einer Gruppe fröhlich plaudernder Italiener wieder.

Zum Fahren im Tiefschnee, „per sciare fuoripista", kommen sie jedes Jahr von Turin herauf, erzählen sie. Drei wunderbare Möglichkeiten gebe es dafür vom Cresta d'Arp aus – nach Dolonne, ins Val Veny und nach La Balme am Fuße des kleinen Sankt-Bernhard-Passes. „Ihr solltet aber mit einem Guide gehen, man verfährt sich leicht und ein Lawinenrisiko ist nie auszuschließen." Wir schwingen uns zunächst mal langsam über Courmayeur ein, genießen das Panorama, die klare Luft, den griffigen Schnee. Und zu Mittag natürlich die zünftige Hütteneinkehr.

Weitere Informationen

Planung: Es gibt zwei Skischulen im Ort. Am Plan Chécrouit können Schuhe und Ski über Nacht eingestellt werden.
Loipen: Im Val de Cogne gibt es rund 70 km gespurte (und teilweise beleuchtete) Loipen.

Touren: Als Alternative zum Alpinskifahren (oder zum Heliskiing) bieten die Cour Mayeur Mountain Guides Ski- und Schneeschuhtouren an (im Sommer auch u. a. Klettern und Canyoning). www.guidecourmayeur.com

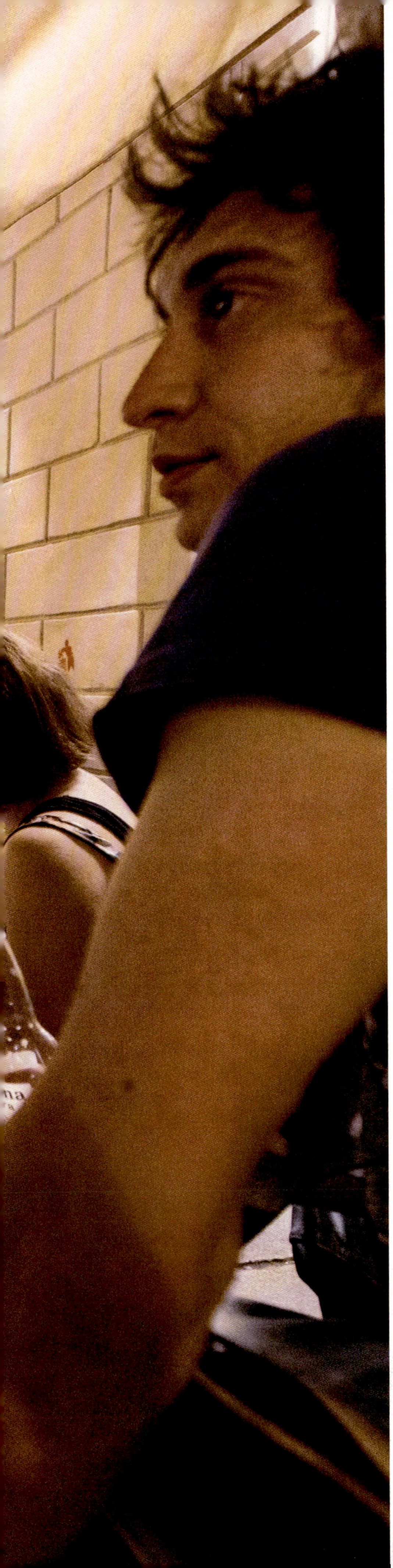

Königliche Metropole

Barocke Pracht im Herzen, die Industriearchitektur inzwischen kräftig aufpoliert, die Alpen vor der Tür und überdies ein elegant-entspanntes Lebensgefühl, zu dem unbedingt das Kaffeehaus und die Kultur des Aperitivo gehören – Turin ist weit mehr als die Wiege des italienischen Automobils.

Angesagter als im Viertel San Salvario kann man in Turin kaum ausgehen, die zahlreichen Restaurants und Bars bieten hier reichlich Gelegenheit zum Chillen.

Die Kuppel der Mole Antonelliana erhebt sich mit ihrem kleinen Aufsatz beinahe 170 m hoch über den Dächern der Stadt Turin. Sie ruht auf einem Zentralbau.

Das Reiterstandbild Emanuele Filibertos I. nimmt das Zentrum der Piazza San Carlo ein.

Der große Markt Porta Palazzo an der Piazza della Repubblica in Turin sorgt auch im Umkreis durch weitere Verkaufsstände für Belebung.

An der Piazza San Carlo mit ihren Arkaden ist auch das legendäre Caffè Stratta beheimatet, wo man natürlich den Espresso stilecht am Tresen genießt.

Special

Wermut

Carpanos Kräuterlikör

Zur „ora di aperitivo“ kommen nicht nur in Turin Alt und Jung in die „piole“, die Bars und Tavernen. Jeder piemontesische Wirt, der auf sich hält, bietet am frühen Abend ein Büfett mit kalten Happen zum Pauschalpreis von einer Handvoll Euro, inklusive eines Getränks.

Sind es heute Prosecco, Wein oder Bier, die zum Aperitif über den Tresen gehen, so begeisterte im späten 18. Jahrhundert der damals neue Wermut die Piemontesen – und sogar Vittorio Amedeo II., ihren König, dem man einen Korb voll zur Probe geschickt hatte. Es war Antonio Benedetto Carpano, ein Mann aus dem Biellese, der den neuen Trank erfunden hatte, und zwar unter den Laubengängen der Turiner Piazza Castello.

Im Likörgeschäft von Signore Marendazza mischte er eines Tages Moscato mit Kräutern und Gewürzen (darunter waren großer Absinth, Kamille, Beifuß, Anis und Zimt). Der

Werbebilder animierten zum Genuss

Erfolg des aromatisierten Weines als flüssiger Auftakt des Abends war so groß, dass sich bald eine Fülle von Nachahmern fand und Marken wie Cora, Cinzano, Martini Rossi u. a. um das Exklusivrecht konkurrierten.

No“, sagt Signora Maritè, das genaue Rezept könne sie nicht verraten. Aber man müsse unbedingt jede Schicht einzeln genießen – niemals vermischen. Es ist Sonntag, und nach dem Gottesdienst drängt alles ins winzige Al Bicerin mit seinen schmalen Holzbänken und den runden Marmortischen. Schon Giacomo Puccini liebte das 1763 eröffnete Kaffeehaus – eines der wenigen übrigens, das nicht unter den fast 20 Kilometer umfassenden Arkaden der Stadt liegt. Es ist berühmt für seine *cioccolata in tazza,* eine Mischung aus Espresso und flüssiger Schokolade. Der Kenner wählt sie schwarz und so sämig, dass sie sich kaum noch umrühren lässt. Fremde lassen sich meist von dem dreischichtigen, von flüssiger Sahne gekrönten *bicerin* (Gläschen) verführen. Eine köstliche Kalorienbombe. Aber auf keinen Fall umrühren!

Süßes mit Nuss

In Signora Maritès Reich konzentriert sich das ganze süße Turin. Bekannteste Botschafter sind die im 19. Jahrhundert erfundenen *gianduiotti,* in Goldpapier gewickelte, dreikantige Nougatstücke. Ihre Form, so heißt es, erinnert an den Dreispitz des Gioann dla doja, einer Figur aus der Commedia dell'Arte. Aber schon im 17. Jahrhundert machte die pie-

Das Thema im Martini-Museum in Pessione di Chieri liegt auf der Hand – der Aperitif ...

... steht im Mittelpunkt, und im Degustationsraum des Museums reihen sich die Objekte der Begierde in schönsten Farben.

Unverändert repräsentativ wirkt das barocke Treppenhaus im Palazzo Madama in Turin. Durch riesige Fenster fällt das helle Tageslicht in den weiten Raum und auf die großzügig angelegten Treppen.

Prunkvoll im Palazzo Reale in Turin ist nicht nur die Spiegelgalerie, ...

... sondern auch der Speisesaal. Die piemontesische Metropole ist für den Barock der Savoyer Residenzen berühmt.

Die piemontesische Metropole machte einst durch ihre Schokoladenerzeugnisse von sich reden.

montesische Metropole durch ihre Schokoladenerzeugnisse von sich reden. Man produzierte, wie ein königliches Dekret von 1678 erhellt, hauptsächlich für den Export. Als jedoch der Kakaobohnen-Vorrat mit der Zeit zur Neige ging, setzten findige *pasticchiere* ihrer Schokolade gut ein Drittel *pasta gianduja* zu, fein gemahlene Haselnüsse aus der Region. Später entwickelte sich aus dieser Notlösung ein weit über die Grenzen des Piemont hinaus bekannter süßer Brotaufstrich ...

Sportlich und verspielt

Wer am Ufer des Po entlang bis hinaus zur einstigen Fiat-Hochburg Lingotto oder Chieri fährt, dessen Blick fällt bisweilen auf einige Ruderer. Denn in Turin wird kräftig gerudert, und das seit mehr als zwei Jahrhunderten. „Cerea“ grüßten sich schon damals die Männer in ihren Booten. Canottieri Cerea nannte sich bei seiner Gründung 1863 auch der erste Ruderclub am Ufer des Po. Er besteht bis heute.

Im Rahmen eines 800 Millionen Euro teuren Bauprogramms anlässlich der Olympischen Winterspiele 2006 entstand nicht nur im Lingotto-Gebiet neue Architektur. Auch die Verkehrssituation änderte sich drastisch. Denn die wichtigste Bahnlinie Turins wurde unter die Erde verlegt – und somit eine seit Jahrzehnten bestehende Barriere zwischen den Stadtteilen aufgehoben. Der entsprechende Verkehrstunnel jedoch ist (noch) nicht vollendet. Doch mit einem 44-geschossigen Büroturm von Renzo Piano erhielt die Metropole einen neuen Akzent in ihrer Skyline – fast auf den Tag genau 125 Jahre nach der Vollendung (1889) der Mole Antonelliana.

Das kleine Turin

Zwischen den beiden markanten Wolkenkratzern liegt – zumindest von der Entstehung her – das *cit torino,* das kleine Turin. In dem Viertel zeigt sich, dass die Metropole nicht nur beeindruckende Schlossbauten zu bieten hat, sondern auch die bedeutendste Stadt des Jugendstils (ital. Liberty) in Italien war. Allein der Architekt und Ingenieur Pietro Fenoglio entwarf für das *cit* seiner Heimatstadt Turin nach 1900 mehr als 100 Gebäude. Auch am Largo Cibrario und an der Via Beaumont stehen schöne Jugendstilbauten.

Im *cit* gibt sich Turin fast kleinstädtisch alltäglich, mit Märkten, auf denen sich jeder kennt, stillen Seitenstraßen, dem *alimentari* am Eck, der *tram,* die über den breiten Corso gleitet.

Turin besitzt das älteste Straßenbahnnetz Italiens; die ersten Pferdebahnen

Ausschließlich dem Wein aus Piemont widmet sich der Weinladen Mille Vigne in der Via San Dalmazzo in Turin.

Am Abend treffen sich junge Leute zum Chillen gerne am Ufer des Po, zum Beispiel im Parco Valentino.

Eine schöne Art, den lauen Sommerabend in der Metropole ausklingen zu lassen: draußen, bei einem Glas Wein in einem Restaurant wie dem L'Acino sitzend ...

Eine Köstlichkeit: Raviolo di Cervella (mit Hirn), serviert im Ristorante Consorzio in Turin.

fuhren bereits 1871. Heute verkehren rund acht Linien, darunter eine mit historischen Wagen (Nr. 7). Auch die Zahnradbahn hinauf zum Sassi-Superga-Hügel gehört zum Streckennetz.

Per Pedale durch die Krise

Sie sind sonnengelb und hochbegehrt. Denn spätestens seit der *crisi economica,* der Finanzkrise, wechselten viele Turiner von der *macchina* (Auto) zum *bici* (Fahrrad). „Wir haben mit dem Ansturm nicht gerechnet", stöhnt die junge Frau, die in einem Büro in einem Gässchen des Quadrilero Romano, der antiken Keimzelle Turins, Antrag um Antrag für ein Leihrad-Abonnement bearbeitet. Nur ca. 25 Euro zahlt, wer ein Jahr lang auf eines der Räder Zugriff haben möchte. An fast hundert Stationen sind die Räder im Stadtgebiet angedockt.

Bier am Bootsanleger

Hinter dem beliebten historischen Grünareal bei Lungo Po und dem Parco Valentino reihen sich schlichte Ufergaststätten: die *imbarchini.* An ihren eng am Flusshang platzierten Holztischen treffen sich Studenten und Jogger, Radfahrer und Spaziergänger; es gibt Bier oder Wein und Snacks. Lachen und Worte tönen über die Gläser in den Sommerabend – und mit einem Male auch Musik. Ein Dreigestirn junger Männer – der eine blond, der andere schwarz gelockt, der dritte mit Zopf – breitet Notenblätter aus und probiert zur Gitarre ein paar englische Songs. „Aber wir sind alle Italiener", grinst Alessandro, „aus Mailand, Sizilien, von den Äolischen Inseln." An der Uni haben sie sich gefunden. Zum Schluss geben sie eine wunderbar rockige Version von „Volare" zum Besten.

Architektur kurios

Burgen und Schlösser, Kirchen und Industriekathedralen, Villen und Paläste: Turin und Umgebung sind eine wahre Fundgrube für alle Spielarten der Architektur; mitunter in kuriosen Varianten. „Mondhaus" nannten die Turiner an-

Eine ganze Anzahl an Schlössern der Savoyer ist in Turins Umgebung erhalten: Der Hirsch auf der Kuppel kennzeichnet das Jagdschloss Stupingi, das auf einem sternförmigen, symmetrischen Grundriss angelegt und von einem Park umgeben ist.

Vittorio Amadeo II., Herzog von Savoyen und König von Piemont, beauftragte den Architekten Filippo Juvarra (18. Jh.) mit Bauten in und um Turin. (Ausschnitt aus einem Gemälde in der Venaria Reale, einem Landschloss der Savoyer)

Fresko der hl. Lucia in der Benediktinerabtei Sacra di San Michele im Val di Susa

In ihrer Reihung schaffen die Büsten in der Venaria Reale klare Blickachsen.

Die Basilika von Superga mit ihrer mächtigen Kuppel, mit Glockentürmen und Vorhalle thront geradezu auf dem Hügel bei Turin. Sie wurde nach einem Gelübde Vittorio Amadeos II. errichtet.

Turin und Umgebung sind eine wahre Fundgrube für die Spielarten der Architektur.

fangs noch liebevoll die trapezförmige Casa Scaccabarozzi. Inzwischen heißt das von „Mole"-Architekt Alessandro Antonelli geplante sechsgeschossige Gebäude an der Ecke Via Giulia di Barolo/Corso San Maurizio ein wenig despektierlich: *fetta di polenta* (Polentascheibe). Die Form eines Eselrückens hat im Volksmund die mittelalterliche Brücke von Lanzo Torinese nördlich der Stadt. In Salza di Pinerolo westlich von Turin fallen sofort die bunten Fassaden ins Auge – sie sind mit modernen Malereien *(murales)* verziert.

Mario Bottas Kirche Santo Volto (2006) in Turins Stadtviertel Dora spielt mit einem historischen Industriekamin als frei stehendem Glockenturm auf die Vergangenheit des Areals an, auf dem einst ein Fiat-Stahlwerk stand. Den 60 m hohen Fabrikschlot ließ der Schweizer Stararchitekt mit einer Spirale umgeben, auf der reflektierende Stahlkugeln nach oben gleiten. Bei Dunkelheit ergeben sich dabei wunderbare Lichteffekte.

Superlative

Das Spiel mit dem Licht war bereits wichtiges Element beim Bau der Savoyer Residenzen. 14 dieser Bauten verlieh die UNESCO Welterbestatus, darunter dem Schloss von Stupingi. Einstige Pilgerroute, Olympiastätte, Naturschutzgebiete – es fehlt auch nicht an Superlativen im Val di Susa. Spektakulär etwa thront die Kirche Sacra San Michele auf einem Bergsporn.

Ein anderer Superlativ aber macht den Bewohnern des Tals bereits seit Jahren zu schaffen: der geplante Hochgeschwindigkeitszug TAV (Treno ad Alta Velocità) zwischen Turin und Lyon. Ende 2013 nahm die gigantische Tunnelbohrmaschine für die Trasse, die rund 60 Kilometer durch das Alpenmassiv laufen soll, in Chiomonte ihre Arbeit auf. Die Krux: Es gibt längst eine Bahnverbindung hinüber nach Frankreich – und ihr Tunnel wurde bis 2011 aufwendig modernisiert.

Allerdings braucht der TAV rund 20 Minuten weniger bis/von Lyon, welcher übrigens nicht sehr häufig genutzt wird, weil durch das Tal auch zwei Staatsstraßen und eine Autobahn verlaufen. Kosten, Umweltschäden und angeblich Korruption bringen immer mehr Menschen gegen die Nueva Linea Torino–Lione auf. Inzwischen wurden vom italienischen und französischen Staatspräsidenten weitere Mittel für das Kernstück des Projekts freigegeben, den Tunnel zwischen dem Susatal und Maurienne in den französischen Westalpen. Die Bauarbeiten dauern voraussichtlich bis zum Jahr 2027.

LINGOTTO EINST & JETZT

Väter des italienischen Automobils

Von „Kulturschock“ und „Verrat“ schrieb Italiens Presse, als Anfang 2014 publik wurde, dass die 1889 an den Ufern des Po gegründete Fabbrica Italiana Automobili Torino (FIAT) mit dem US-amerikanischen Autohersteller Chrysler fusioniert und als Fiat Chrysler Automobiles (FCA) künftig ihre Basis in London, Amsterdam und Detroit haben wird.

Mein Büro bleibt in Turin", versicherte Unternehmenspräsident John Elkann rasch in einem Interview mit *La Stampa*. Zudem wies der (in New York geborene) Ururenkel von Fiat-Mitbegründer Giovanni Agnelli darauf hin, dass der traditionsreiche italienische Autokonzern bereits seit geraumer Zeit auf mehreren Kontinenten verankert sei. Auch Vertreter von Politik und Gewerkschaft gaben sich recht gelassen angesichts der Zukunftspläne von Elkann und FCA-Geschäftsführer Sergio Marchionne. Wichtig sei allein, wo künftig produziert werde und wie viele Arbeitsplätze der neue multinationale Konzern in Italien schaffe. Kaum zehn Prozent seines Umsatzes erwirtschaftete Fiat zuletzt in seinem Stammland; Tausende von Arbeitern waren in Kurzarbeit. Mitte 2016 kehrten 700 von ihnen für den Bau der neuen Maserati Levante wieder zurück ins Werk; 1500 weitere warten noch auf die erneute Eingliederung – und hoffen auf die geplante Renaissance der Mirafiori-Karosserie.

Der Weg zum Lingotto

Im Gründungsjahr der Fabbrica Italiana Automobili Torino sind es acht Männer, die auf die Zukunft der automobilen Technik setzen, darunter der später zum Generaldirektor erkorene Giovanni Agnelli. Knapp zwölf Monate nach Unterzeichnung der Fiat-Geburtsurkunde präsentiert das junge Unternehmen seine erste Produktion: zwei Dutzend Exemplare des Modells 3 1/2 HP. Im Jahr 1910 umfasst die Firmenpalette bereits 14 Wagentypen. Als die Welt wieder befriedet ist, wird 1923 die neue, von dem Turiner Ingenieur Giacomo Mattè-Trucco konzipierte Fertigungsstätte am Lingotto eingeweiht. Sie ist die größte und fortschrittlichste ihrer Zeit – und ihre Teststrecke auf dem Dach (Abb. links) macht sie weit über die Grenzen Italiens hinaus berühmt.

Multifunktionale Umnutzung

Inzwischen dient der Ein-Kilometer-Prüfkurs als Joggingstrecke. Denn nach der endgültigen Stilllegung der Automobilproduktion am Lingotto 1982 erfuhr das gesamte Werksgelände eine Neugestaltung. Nach vehementen Protesten der Bevölkerung gegen den Verfall des Geländes und den Niedergang des gesamten Viertels hatten Turins Stadtväter einen Architekturwettbewerb ausgeschrieben. Renzo Piano erhielt den Zuschlag. Der Stararchitekt entwarf für das 500 Meter lange, fünfgeschossige Fiat-Gebäude eine moderne Lösung. Die Anlage birgt nun zwei Hotels, ein Kongress- und Messe-Zentrum, Büros und Shoppingbereiche sowie die Pinacoteca Agnelli, die kleine Kunstsammlung der Fiat-Familie.

Im alten Fiatwerk ist die Umnutzung vollzogen. „The Bubble", ein transparenter Konferenzraum (oben), signalisiert die Veränderung. Designobjekte bestimmen den Raum in der Pinacoteca Giovanni e Marella Agnelli.

Kleinwagen der Marke Fiat erfuhren immer wieder erfolgreich Neuauflagen.

Die Fertigungsstätte am Lingotto war einst die fortschrittlichste ihrer Zeit …

TURIN
Maßstab 1:20.000
0
300m
CENISIA
CENTRO
Corso Principe Eugenio
Corso Regio Parco
Corso Regina Margherita
Corso Francia
Corso Vittorio Emanuele II
Corso Inghilterra
Porta Susa
XVIII Dicembre
Principi d'Acaja
Bernini
Vinzaglio
Re Umberto
Porta Nuova
Marconi
Stazione Porta Nuova
Piazza della Repubblica
Palazzo Reale
Palazzo Madama
Piazza Castello
Piazza San Carlo
Museo Egizio
Mole Antonelliana
Parco del Valentino
Fiume Po
Politecnico
Carceri le Nuove
Palazzo di Giustizia
Monte dei Cappuccini
1
2
3
4
5
6
7
8
9
10
11
12
13
14
15
16
17
18
19
20

Maßstab 1:400.000
0
10km
FRANCE
ITALIA
Parc National de la Vanoise
Massif du Mont Cenis
Col du Mont Cenis
Lanslebourg-Mont-Cenis
Susa
Avigliana
Rivoli
Collegno
Grugliasco
TORINO
Nichelino
Moncalieri
Venaria Reale
Orbassano
Piossasco
Pinerolo
Sestriere
Fenestrelle
Giaveno
Ciriè
Lanzo Torinese
Parco La Mandria
Parco del Po
21
22
23
24
25
26
27
28

Pracht der Savoyer

Elegant und lebhaft, großzügig und grün, ordentlich gerastert und hinter den Kulissen oft außergewöhnlich: Turin ist eine Stadt mit vielen Gesichtern. Zudem liegt ein Kranz königlicher Schlösser rund um die einstige Fiat- und Olympia-Metropole, locken Weinberge und Alpentäler in der Umgebung.

1 – 20 Turin

Vom römischen Augusta Taurinorum bis zum Barock der Savoyer, vom mittelalterlichen Borgo bis zu den Vierteln des Jugendstils und der Industrie konzentriert sich alles zwischen den Ufern des Po und jenen der Dora Riparia – inklusive einer Fülle historischer Kaffeehäuser und kilometerlanger Arkaden zum Bummeln.

Tipp

Köstliche Genossenschaft

Nur der Name blieb, Philosophie und Ambiente änderten Andrea und Piero nach ihrem Gusto. Daher wirkt das Ristorante Consorzio heute eher wie ein Bistro und liegt auch preislich in dem Bereich (Vier-Gänge-Degustations-Menü ca. 34 €). Auf der Karte steht vorwiegend Regionales – *agnolotti gobbi* (wörtl.: Buckel-Ravioli) aus der Region Asti etwa. Der Wein stammt ebenfalls meist von piemontesischen Erzeugern, oft in Bioqualität wie die Basis der Speisen. Alles ist hausgemacht, auch Brot und Pasta. Ein Körnchen Moderne würzt stets die Tradition.

RISTORANTE CONSORZIO
Via Monte di Pietà 23,
Tel. 011 276 76 61,
http://ristoranteconsorzio.it,
Sa. mittags und So. geschl.

Sehr prunkvoll: der Palazzo Reale (oben), sehr schmal: die „fetta di polenta" (rechts oben), sehr belebt: die Arkaden (rechts unten).

SEHENSWERT
Salon von **Turin TOPZIEL** (ca. 890 500 Einw.) ist die **1 Piazza San Carlo** mit ihren barocken, pastellgelben Arkaden, unter denen u. a. die berühmten Cafés San Carlo (das als erstes Lokal von Italien mit Gas erleuchtet war) und Torino sowie die legendäre Confetteria Stratta von 1836 zu finden sind. Über die Via Roma erreicht man die **2 Piazza Castello** mit den historischen Cafés Mulassano und Baratti & Milano (Letzteres angeblich Erfinder der *tramezzini*). Am Platz befindet sich der **4 Palazzo Reale,** das von den (derzeit geschlossenen) Königlichen Gärten gesäumte Stadtschloss der Savoyer. Es wurde ab Mitte des 17. Jh.s errichtet. Auf den Ruinen eines römischen Stadttors entstand der **3 Palazzo Madama,** im 17. Jh. Wohnsitz der Herzogin Maria Christina; er wurde Madama Reale genannt (s. Museen). An der Piazza Castello steht auch – versteckt hinter den Gebäuden der linken Platzseite – die **5 Kirche San Lorenzo** (Eingang Via Palazzo di Città 4), sie wurde von Guarino Guarini im 17. Jh. erbaut.
Der **6 Dom San Giovanni Battista** (15. Jh.) birgt in der Cappella della Sindone das Grabtuch Christi; es wird allerdings nur unregelmäßig gezeigt (das nächste Mal im Heiligen Jahr 2025). Die **7 Porta Palatina** (1. Jh. n. Chr.) seitlich vom Dom war zur Römerzeit der nördliche Zugang zur Stadt. Benedetto Alfieris **8 Piazza del Palazzo di Città** (1756) erstreckt sich über den Resten des antiken Forum Romanum. Durch die schnurgeraden Gassen des Quadrilatero Romano geht es zur Lieblingskirche der Turiner, dem prächtigen barocken Wallfahrtsheiligtum **9 Santuario della Consolata,** von dessen romanischem Vorgängerbau St. Andrea noch der Glockenturm erhalten ist. Einen Steinwurf entfernt lockt das Traditionscafé **Al Bicerin,** linker Hand ist das Fundament eines der fünfeckigen Türme der römischen Stadt sichtbar.
Es geht wieder zurück Richtung Po. Unter den Laubengängen der **14 Via Po** (1675) kam schon die höfische Gesellschaft trockenen Fußes fast zum Flussufer. Etwa auf halber Strecke zweigt die Via Montebello zum Wahrzeichen Turins, dem Zentralbau **15 Mole Antonelliana** (1888), ab. An der **13 Piazza Bodoni** treffen sich die Turiner zum Ausruhen, Lesen – und zum Musikhören. Denn hier steht das Konservatorium, benannt nach dem Komponisten

Giuseppe Verdi. Ältester öffentlicher Park der Stadt ist der gut 400 000 m² umfassende 16 **Parco del Valentino** mit dem gleichnamigen Savoyer Schloss und dem Nachbau eines mittelalterlichen Dorfes.
Aus einem höfischen Weinberg am rechten Ufer des Po erwuchs die prachtvolle – inzwischen restaurierte – Anlage der 17 **Villa della Regina** (17./18. Jh.; Strada Comunale Santa Margherita 79, März – Nov. Di. – So. 10.00 bis 17.00, Dez. – März bis 16.00 Uhr, Eintritt frei; kostenlose Führung Di. – Sa. 11.00 Uhr). Rebenreihen, italienische Gärten und Felder umgeben die ehemalige Savoyer Residenz.

MUSEEN

In einen Flügel des Palazzo Reale ist die 2 **Galleria Sabauda** (Piazza Castello) mit den Meisterwerken u. a. flämischer und holländischer Künstler eingezogen. Ebenfalls im Palazzo sind die Waffenkollektionen der **Armeria Reale** sowie das **Museo di Antichità di Torino** untergebracht (alle Di. – So. 8.30 – 19.30 Uhr). Der benachbarte Palazzo Madama beherbergt das 3 **Städtische Museum für Antike Kunst,** ist aber zugleich selbst Ausstellungsstück (Piazza Castello, www.palazzomadama torino.it, tgl. 11.00 – 19.00 Uhr). Neu strukturiert wurde das 12 **Museo Egizio,** eine der bekanntesten Sammlungen der Welt zur Kultur Ägyptens (Via Accademia delle Scienze 6, www.museoegizio.it, Mo 9.00 – 14.00, Di – So 9.00 – 18.30 Uhr). An der Piazza Carignano steht der Palazzo des 11 **Museo Nazionale del Risorgimento** (www.museorisorgimento torino.it, Di. – So. 10.00 – 18.00 Uhr) mit historischen Zeugnissen, Filmen etc. für die Zeit von 1815 – 1870. Interaktiv und baulich einzigartig gibt das 15 **Museo Nazionale del Cinema** Einblick in die Geschichte und Technik des Kinos (in der Mole Antonelliana, Via Montebello 20, www.museocinema.it, Mi. – Mo. 9.00 bis 20.00, Sa. 9.00 – 23.00 Uhr).
Das 10 **Museo della Sindone** zeigt eine genaue Kopie des Turiner Grabtuchs (Via San Domenico 28, www.sindone.org, tgl. 9.00 – 12.00, 15.00 – 19.00 Uhr). Der modernen und zeitge-

Marktstand voller Früchte an der Porta Palazzo in Turin, kundige Führung durch die Basilika di Superga, kantige Mole Antonelliana in Turin

nössischen Kunst widmet sich mit Exponaten aus Malerei, Installation, Skulptur die städtische 18 **Galleria d'Arte Moderna e Contemporanea** (Via Magenta 31, www.gamtorino.it, Di. – So. 11.00 –19.00 Uhr).
Rund 200 Fahrzeuge ab dem Baujahr 1769 sind auf dem von François Confino neu gestalteten Ausstellungsgelände des 19 **Museo Nazionale dell'Automobile** versammelt (Corso Unità d'Italia 40, www.museoauto.it, Mo. 10.00 bis 14.00, Di. 14.00 – 19.00, Mi., Do., So. 10.00 bis 19.00, Fr., Sa. 10.00 – 21.00 Uhr).
Spektakulär vor allem wegen ihrer Platzierung in einem architektonischen „Schrein" von Renzo Piano auf dem Dach des ehemaligen Fiat-Werks Lingotto ist die nur zwei Dutzend Werke umfassende 20 **Pinacoteca Agnelli** (Via Nizza 230, http://pinacoteca-agnelli.it, Di. – So. 10.00 – 19.00 Uhr).

AKTIVITÄTEN

Nicht nur die Stadt Turin selbst lässt sich recht gut mit dem **Fahrrad** erkunden (www.tobike.it), auch die umliegenden Königsschlösser Stupingi und La Venaria Reale können „erfahren" werden – sogar mit dem E-Bike (jeweils So. geführte Tour, Info/Buchung über Turismo Torino).

ERLEBEN

An den Murazzi del Po, den Lokalen in den Ufergewölben, trifft sich die **Turiner Szene;** Studenten sitzen eher in den einfachen *imbarchini* am Fluss. Als italienisches „Klein-Kreuzberg" bezeichnen die Turiner das zwischen der Via Nizza am Bahnhof Porta Nuova und dem Parco del Valentino gelegene Viertel San Salvario aufgrund der Adressen dort für Cocktails und Apero-Cena, wie etwa das Soul Lab (Via C. L. Berthollet 20/d). Im modern ausgebauten **Teatro Regio,** dem einstigen königlichen Theater (Piazza Castello, www.teatroregio.torino.it), stehen Opern, Konzerte und moderner Tanz auf dem Spielplan. In der **Chiesa di Santa Pelagia** sind jeweils im April/Mai sieben Konzerte der Schüler des Turiner Konservatoriums zu hören (www.santapelagia.it, Mo. 21.00 Uhr).

VERANSTALTUNGEN

Mit dem jungen, international besetzten **Turin Jazz Festival** (letzte Aprilwoche, www.torino jazzfestival.it) knüpft die Stadt an ihre 1935 begonnene Jazztradition an. Alle zwei Jahre findet die Slow-Food-Messe **Salone del Gusto** (www.salonedelgusto.it) statt.

ÜBERNACHTEN

Gewölbte Decken, Bodenfester, unterschiedliche Einrichtungsstile umfassen die drei Zimmer des **€ € B&B Torino Très Chic** (Via San Domenico 1, www.torinotreschic.it).

RESTAURANT

Önothek? Buchhandlung? Gaststätte? Alles in einem ist die urige **€ € Taberna Libraria** (Via Bogino 5, Tel. 011 812 80 28, www.tabernalibra ria.to.it) mit ihren regionalen Spezialitäten.

EINKAUFEN

Größter Gemüse- und Alltagsmarkt Europas unter freiem Himmel ist der **Mercato Porta Palazzo** (Piazza Repubblica). Typische Produkte des Piemont gibt es auf dem **Markt** an der Piazza Palazzo di Città (jeden 1. So. im Monat außer Jan., Juli, Aug.).
Klassische **Gianduotti,** Pralinen aus Haselnuss-Nougat, kauft man z. B. im Caffè Fiorio (Via Po), der Chocolatier Guido Gobino interpretiert die traditionelle Spezialität auf eine zeitgenössische Art (Via Lagrange 1 und Via Cagliari 15/b, www.guidogobino.it, s. auch Unsere Favoriten, S. 110). Beste **Grissini**

Tipp

Musik im Schloss

Unter dem Motto „Il bello da sentire" konzertieren junge Musiker des Turiner Konservatoriums Giuseppe Verdi regelmäßig im königlichen Ambiente der Venaria Reale. Im Ehrenhof des Schlosses, im Gran Parterre sowie in der Cappella di Sant'Uberto kommen große Komponisten aller Epochen zu Gehör, vom Barock über die Romantik bis zur Klassik und zum Jazz.

Mai – Okt., jeweils Sa. ab 15.00 Uhr, Informationen und Karten über www.lavenaria.it

»Das Spiel mit dem Licht war ein wichtiges Element beim Bau der Savoyer Residenzen, von denen 14 Welterbestatus haben.«

backen u. a. das Panificio Ordine (Via San Massimo 49) und Chicco di Grano (s. Unsere Favoriten, S. 110).
Designermode und Accessoires findet man in der Via Roma, der Via Lagrange und an der Piazza San Carlo. **Büchereien, Parfümerien, Schuhläden** und günstige **Modegeschäfte** reihen sich u. a. an der Via Po, an der Piazza Vittorio und in der langen Fußgängerzone Via Garibaldi. Im ehemaligen Fiat-Gebäude **Lingotto** entstand ein großes Shoppingcenter (www.8gallery.it).
Bereits Mitte des 19. Jh.s war der **Balon** Treffpunkt der Turiner Trödler; heute zieht sich das **antiquarische Angebot** der rund 140 Stände durch die Straßen Borgo Dora, Lanino, Mameli, Canale Molassi (Sa. 7.00 – 19.00 Uhr). Beim **Grand Balon** (jeden 2. So. im Monat, 8.00 bis 19.00 Uhr) drängen sich gut 250 Stände.

21 – 28 Umgebung

Hoch über der Stadt thront am rechten Ufer des Po die 21 **Basilika di Superga** (10 km östl.), ein barockes Meisterwerk nach Plänen von Filippo Juvarra. 1731 wurde die Kirche mit der großen Kuppel geweiht.
Juvarra entwarf auch das prachtvolle 22 **Jagdschloss von Stupingi** TOPZIEL (11 km südwestl.; ab 1729) und zeichnete für große Teile der königlichen 24 **Residenz Venaria Reale** (10 km nördl.; www.lavenaria.it) verantwortlich. Sie war 1675 vollendet. Eine der Residenzen des Hauses Savoyen ist das 23 **Schloss von Rivoli** (18 km westl.; www.castellodirivoli.org). Es gehört zum UNESCO-Welterbe und birgt in seinen Mauern das Museum Moderner Kunst, eine der wichtigsten zeitgenössischen Sammlungen von Europa.
Das prunkvolle Schloss von 25 **Agliè** (44 km nördl.; 17./18. Jh.) war der bevorzugte Wohnsitz von Königin Maria Cristina von Bourbon. Der gotische Dom des Wein- und Handelsstädtchens 26 **Chieri** (17 km südöstl.), in dessen Umgebung auch das Museo Martini steht (Pessione; www.martinierossi.it), zählt zu den größten im Piemont.
Im **Val di Susa** (Susatal; ca. 30 km westl.) mit seinen zahlreichen Burgen, Seen und Naturparks liegt u. a. die 27 **Abtei Sacra di San Michele** (um 1000 n. Chr.), die Umberto Eco zu seinem Roman „Der Name der Rose" inspirierte. Sie war ein wichtiger Ort für Pilger.
Europas größte Gebirgsfestung, das 28 **Forte di Fenestrelle** (74 km westl.; www.fortedifenestrelle.it) im oberen Chisonetal, entstand in mehr als 100-jähriger Bauzeit (1728 – 1850). Der Komplex nimmt 1 300 000 m² bebauter Fläche auf annähernd 3 km Länge ein und umfasst die drei Festungen San Carlo, Tre Denti und Delle Valli, die über die 3996 Stufen der Scala Coperta verbunden sind.

INFORMATION
Ufficio del Turismo,
Piazza Carlo Felice (gegenüber dem Bahnhof Porta Nuova), Tel. 011 53 51 81,
www.turismotorino.org

Genießen Erleben Erfahren

DuMont Aktiv

Unterirdische Erinnerungen

Unter Turins Straßenpflaster versteckt sich so manches Geheimnis. An vielen Stellen der Stadt kann man in Keller und Tunnel hinabsteigen, individuell oder mit Führung. Aus jener Tiefe wurden Kanonen abgefeuert – und es wurde dort Eis gelagert ...

Emanuela spaziert mit mir zunächst ganz unspektakulär von der Piazza San Carlo zum Museo Pietro Micca. Der schlichte Bau aus den 1960er-Jahren entpuppt sich als eine Art „Deckel" über dem Zugang zu den unterirdischen Gängen der Zitadelle. 1706 feuerten die Piemontesen und Österreicher von hier ihre Kanonen und Waffen auf die Truppen des Herzogs La Feuillade ab, die Turin im Zuge des Spanischen Erbfolgekrieges drei Monate lang belagert hatten.

Unser nächstes Ziel lässt Höllisches vermuten. „Es handelt sich lediglich um die Weinkeller einiger Barockpaläste", erläutert Emanuela. Jener unter dem Palazzo Barolo beeindruckt besonders. Oben lenken wir unsere Schritte zur Piazza Consolata. Über den Hof der Klosterwallfahrtskirche Santuario della Consolata gelangen wir zu einer Rampe. Von dort bietet sich ein überraschendes Bild: ein großes Gewölbe aus der langen Geschichte des spirituellen Herzens der Stadt! Die Kapelle war Maria geweiht. Aber Emanuela drängt erneut ans Tageslicht. „Wir wollen doch noch zur Porta Palazzo." Mitten im Shoppingzentrum: einer der historischen Eiskeller Turins. Die kalten Blöcke wurden in Jutesäcken mit Mulis aus dem Susatal hertransportiert.

Weitere Informationen

Veranstalter:
Somewhere Tours & Events,
Via Botero 15, Tel. 011 6 68 05 80,
www.somewhere.it

Start/Dauer:
Freitag, 20.00 Uhr (ab Porta Susa/Mercato)
Kosten:
28 Euro pro Person

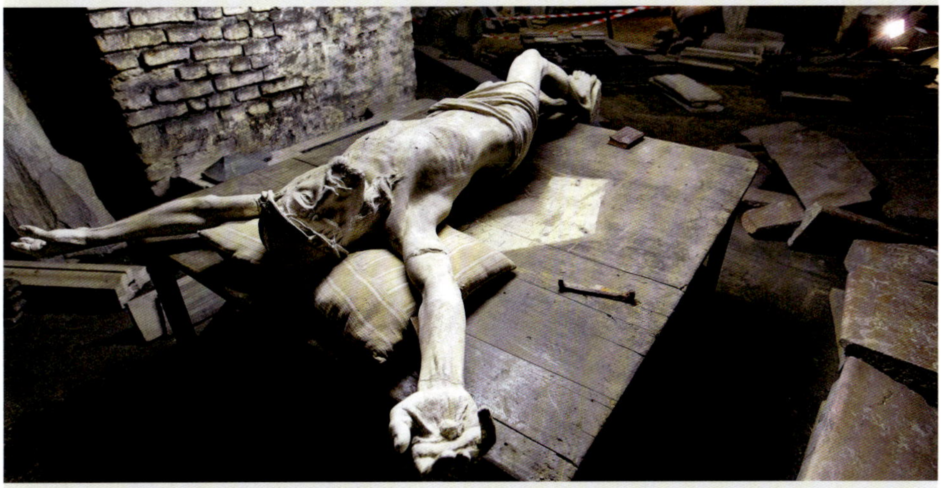

Bei Renovierungsarbeiten zeigte sich der Corpus des mächtigen Kreuzes in der Kapelle des Santuario della Consolata aus ganz anderer Perspektive.

BAR
BICCIOLANI
A. & TARNUZZER SUCC.RI METHIER

Im Reich des Reises

Italien von einer anderen Seite – so rühmen Kenner des Landes die Region an der Grenze zur Lombardei. Das stylishe Mailand ist nah und fern zugleich. Städte wie Novara und Vercelli verdanken ihre Blüte nicht industrieller Kraft, sondern der Landwirtschaft. In der Weite der Poebene bildet die Natur eine einzigartige Kulisse für oftmals außergewöhnliche Architektur.

Breite Arkadengänge mit Cafés und Läden säumen die Piazza Cavour in Vercelli, teils sind sie mit schönen Verzierungen versehen.

Bei der romanisch-gotischen Kirche Santa Maria di Vezzolano bei Albugnano fallen gleich die Steinschichtungen im Mauerwerk und die Apsiden im Osten auf.

Im Innern der Kirche Santa Maria Vezzolano zieht der wunderbare Lettner (oben) alle Blicke auf sich: Die 40 Ahnen Jesu sind hier zum größten Teil und teils farbig bemalt zusammengefasst. Die Westfassade (rechts) erinnert in ihrer Gliederung an Kirchen der pisanischen Romanik.

Es bedarf keiner großen Anstrengung sich vorzustellen, wie einst Gesellschaften tanzend durch den Ballsaal des Castello di Masino schwebten.

Steil windet sich das graue Kieselsträßchen aus der Ebene des Canavese zum Schloss von Masino empor. Über 1000 Jahre residierten hier, gut 400 Meter über dem Dörfchen Caravino, die Conti Valperga. Nach dem Tod der letzten Herzogin, Marchesa Vittoria, übergab Sohn Luigi Valperga di Masino die Burg 1988 dem Fondo Ambiente Italiano (FAI), einer gemeinnützigen Stiftung für Denkmalpflege und Naturschutz in Italien. Seither hat die 1975 nach dem Vorbild des britischen National Trust for Places of Historic Interest or Natural Beauty gegründete Stiftung ihren Sitz auf dem Castello. Rund 50 unter Denkmalschutz stehende Kulturgüter verwaltet sie von Masino aus; etwa zwei Drittel davon konnte sie restaurieren und der Öffentlichkeit zugänglich machen. Im Piemont zählt neben dem Castello di Masino mit seinen freskengeschmückten Sälen, dem herrlichen Park und der atemberaubenden Aussicht bis zur Moränenkette der Serra d'Ivrea auch die Burg von Manta bei Saluzzo zu den FAI-Monumenten.

Gebacken aus Teig und Ziegel

„La Brasiliana" heißt das Café zwischen Bahnhof und Corso Cavour, in dem viele Novareser ihren Tag bei einem Cappuccino am Tresen beginnen. Danach strömen sie hinein in die Fußgängerzone, die mit dem Corso Italia/Corso Cavallotti das Fadenkreuz des städtischen Alltags bildet. Auch ein Kindergartengrüppchen tobt an diesem Morgen dort über das Straßenpflaster, doch mit einem Male sind die Kleinen wie vom Erdboden verschluckt.

Wenig später treffen wir sie mit ihren beiden *maestre* zufällig wieder im Hof des Biscottificio Camporelli, eines Familienbetriebs, der seit 1852 die berühmten Novareser Plätzchen produziert. Juniorchef Ambrosio erzählt den schon begehrlich auf die frischen *biscotti* schauenden *bambini* die Geschichte des Hauses. Wenig hat sich am Herstellungsprozess in der kleinen Fabrik geändert; 18 Mitarbeiter gehören zu ihr, 100 000 *biscotti* verlassen täglich die Öfen. Das Rezept geht bis auf das 15. Jahrhundert zurück; es waren Nonnen, die die längliche, butterlose Köstlichkeit erstmals zu jener Zeit backten. Wer den Kopf im Hof von Camporelli zum Himmel reckt, entdeckt eine weitere Berühmtheit der Stadt: die beiden markanten Türme der Basilica di San Gaudenzio: den Campanile von Benedetto Alfieri und die *cupola* von Alessandro Antonelli. Später bringt uns ein gläserner Aufzug hinauf zur ersten Ebene des mehr als hundert Meter in den Himmel strebenden Vierungsturms mit gestreckter Kuppel. Das Gewölbe ist ein Wunderwerk aus Ziegelsteinen.

Schon die Römer nutzten dieses Material in der Region. Bei Ausgrabungen fand man neben Klinkern auch antike Krüge und Gefäße.

Das Castello di Masino beeindruckt mit seinen freskengeschmückten Sälen.

Sonntags in der Stadt

Sonntagmittag wirkt Vercelli wie eine Geisterstadt. „Alle sitzen beim Essen, zu Hause oder im Restaurant", lacht Gabriele, „es geht hier sehr traditionell zu." Der dunkel gelockte Kunsthistoriker steht vor der Tür des „Paolino", hinter

Ein Einkaufsbummel in Novara? Etwas verhaltener im Antiquitätenladen, ...

... doch reichlich Spaß scheint es dann und wann in der profumeria zu geben.

Die Altstadt Vercellis ist von Gassen und kleineren Läden geprägt und wird nicht zuletzt von Studenten und Geschäftsleuten aus dem Umkreis des Reishandels bevölkert.

Kann man im Piemont auch nicht von Pasta wie den Maltagliati al pesto lassen, ...

... so steht doch der Reis in der Gegend um Vercelli meist im Mittelpunkt – oft als köstliches Risotto wie zum Beispiel im Restaurant Balin in Livorno Ferraris.

Special

Alessandro Antonelli

Architektur und Weinbau

„Ich habe es doch schon bewiesen in Novara ...“, sagte Alessandro Antonelli (1798–1888) angeblich, als man in Turin über seine Pläne für die Mole den Kopf schüttelte und an der Realisierbarkeit der „verrückten Idee“ zu zweifeln begann.

Tatsächlich hatte der aus Ghemme stammende Architekt und Bauingenieur nicht nur den Dom von Novara umgebaut, sondern 1878 hier auch die frühbarocke Novareser Kirche San Gaudenzio mit einem 121 Meter hohen Kuppelturm versehen. Kühn hatte er das Gewölbe auf die vorhandenen Pfeiler gesetzt. Seine 1889 in Turin vollendete, von einer Pyramide gekrönte Mole (ursprünglich als eher bescheidene Synagoge von der jüdischen Gemeinde in Auftrag gegeben) maß schließlich 167,50 Meter – und war zu jenem Zeitpunkt das zweithöchste begehbare Gebäude der Welt.

Antonelli, der sich in Rom auch im Fach Darstellende Geometrie weitergebildet hatte, schuf ein vielfältiges Werk im Piemont, darunter das Waisenhospiz in Alessandria. Er zeichnete verantwortlich für Pläne zur städtebaulichen Erneuerung von Novara und Ferrara. Noch heute ist in Maggiora sein Einfluss auf den Weinbau zu sehen: Die Reblauben stehen nach Antonellis statischen Berechnungen auf schrägwinkligen Pfosten, sodass sie nicht unter dem Traubengewicht zusammenbrechen ...

Basilika San Gaudenzio in Novara

der elegant gewandete einheimische Familien – Vater, Mutter, Kinder, Großeltern – deftige regionale Köstlichkeiten schmausen: Schnecken mit Nüssen oder hausgemachtes Brot mit frischem Lebermus, danach Agnolotti del plin oder ein Risotto mit Wachtelkeulchen, schließlich eine Portion Kalbshirn mit violetten Auberginen oder ein Filetto di fassone, ein Steak vom piemontesischen Rind. Zum Dessert bringt die Servicekraft hausgemachte Eiskrem; der *caffè* wird im Glas serviert. Una bella domenica!

Jetzt tut ein Spaziergang gut, zunächst zum Hauptplatz mit dem Cavour-Denkmal, dann zur Piazza Palazzo Vecchio – die alle noch immer Piazza Pesche nennen, weil hier im Mittelalter die Fische aus den Reisfeldern vermarktet wurden – und zum Museo Borgogna, wo sich tatsächlich schon eine Schlange an der Kasse gebildet hat. Die engagierte Direktorin fotografiert fröhlich die zu den kostenlosen Wochenendführungen drängelnden Besucher.

Sant'Andrea scheint an diesem Spätnachmittag indes niemanden zu interessieren – trotz der zum Teil kuriosen Geschichten, die sich um diese romanisch-gotische Klosterkirche ranken. Eine betrifft das Kreuz: Bei Restaurierungsarbeiten Ende der 1990er-Jahre stellte man fest, dass es weder aus Holz

Bei Monviso, nahe der französischen Grenze, entspringt der Po – der längste Fluss Italiens. Auf seinem Weg wird er schließlich auch die Ebene bei Vercelli durchqueren, um dann nahe Venedig ins Mittelmeer zu münden.

Flusslandschaften – sie verzaubern durch ihre Atmosphäre, laden dazu ein, mal eine Pause zu machen. So auch der Po, der auf seinem Weg an Turin vorbei gehörig an Breite gewonnen hat. Über sein ruhiges Wasser blickt man in der Nähe der Metropole hinüber zum Monte dei Cappuccini.

Am Pian del Re, wo der Po seinen Ursprung hat, nehmen hohe Berggipfel, saftige Wiesen und Almhütten den Blick gefangen.

Der Po ist lediglich knappe 300 Kilometer kommerziell schiffbar.

noch aus Stein ist, sondern aus *cartapesta,* also Pappmaschee. Zudem entdeckten die Restauratoren im Inneren des Kartongebildes ein zweites Kreuz, identisch in der Größe und Art mit dem Äußeren. Einziger Unterschied: Jesus trägt auf ihm bereits die Gesichtszüge eines Toten.

Höchst lebendig wirkt indes die Mimik von Umberto I. auf seinem Bronzekonterfei vor dem Gotteshaus. Das Denkmal sorgte bei seiner Enthüllung 1907 für einen kleinen Skandal: Fast jedermann in der Stadt erkannte in der weiblichen Statue, die dem König einen Palmzweig reicht, eine gewisse „femme fatale" – und zwar allein an der Form ihres Allerwertesten. Tatsächlich zeigt die Lebedame, die dem Künstler offenbar Modell stand, dem Betrachter nur ihre Rück-Ansicht.

Naturschutz statt Schiffbarkeit

Ein Panorama grandioser Weite entzückt um Trino. Reisfelder, silbern schillernd nach dem Fluten, erstrecken sich scheinbar endlos unter einem azurblauen Firmament; am Horizont leuchtet eine Kette schneebedeckter Gipfel. Und die Mai-Sonne brennt herab auf die Ebene, flirrt über den Reisgütern, auf denen seit einigen Jahren Chinesen ihre Erfahrung bei Saat und Ernte einbringen – und kleine Gemüsegärten am Rande der Reisfelder anlegen. Sie heizt die Mauern der weit verstreuten Klöster auf, von denen sich einige, wie die Abbazia San Nazzaro, als Baudenkmale am Rand stiller Dörfer recken oder die wie die ehemals bedeutende Zisterzienserabtei Santa Maria di Lucedio in einen Agrarbetrieb umgewandelt wurden – „nicht nur, aber hauptsächlich für Reis", wie der Besitzer, Conte Salvadori di Wiesenhoff, erklärt. Heute führt Contessa Rosetta Clara Cavalli d'Olivola Salvadori di Wiesenhoff die Geschäfte.

Nur wenige Fahrradminuten vom Principato di Lucedio entfernt mäandert der Po; immer wieder durchsetzt von breiten Sandbänken und Inseln. Hier ist er kein kommerziell schiffbares Gewässer wie auf seinen rund 300 Kilometern vor dem Delta, noch nicht einmal gefahrlos geeignet für Ruderboote oder Kajaks (wie im Stadtgebiet von Turin). Dafür aber wird er von Naturreservaten wie der Ghaia Grande oder dem Parco fluviale Po e Orba kurz hinter Casale Monferrato flankiert, der einstigen Hochburg der Gonzaga aus Mantua. Heute zählt das Städtchen zur Provinz Alessandria und an den sanften Hügeln seiner Umgebung wird nicht mehr nur Kalk zur Zementgewinnung abgebaut, sondern es gedeihen auch Reben.

REIS

Die Perle des Orients am Ufer des Po

Reis zählt mit zu den berühmtesten Genussprodukten des Piemont. Sein Hauptanbaugebiet liegt in den Ebenen um Vercelli. Rund eine Million Tonnen wird hier von ihm produziert – in den Varianten Carnaroli bis Venere.

Das Unternehmen Principato di Lucedio hat seinen Sitz in einem früheren Zisterzienserkloster in der Reisanbauregion.

„Per ottanta centesimi!", lautet der anklagende Titel eines Gemäldes im Museum Borgogna von Vercelli – für 80 Heller. Es stammt von dem 1853 in Alessandria geborenen Maler Angelo Morbelli und zeigt Frauen bei der Arbeit im nassen Reisfeld. Ein Jahrhundert später setzt Giuseppe De Santis den *mondine,* Feldarbeiterinnen, die zu Tausenden aus dem ganzen Land in die *pianura padana,* die fruchtbare Poebene, gebracht wurden, mit „Riso amaro" (1949, Bitterer Reis) ein verklärendes cineastisches Denkmal. Szenen aus dem Film schmücken als goldgerahmte Fotoplakate bis heute einige Fassaden in Vercelli, das sich selbst als *capitale europea del riso* feiert, Europas Reishauptstadt.

Fragile Gewächse

Nur wenige Kilometer südlich von Vercelli treffen wir Signore Bono. Mit einer großen Sichel schneidet der stämmige Bauer beherzt ein Bündel filigraner Stengel aus dem gelbgrünen Pflanzenmeer. Es sind Reishalme, mit spitzen langen Blättern und jeweils fast hundert Körnern, die an fein verzweigten Pflanzenfädchen hängen. „Noch nicht ganz reif", befindet Serafino Bono nach eingehender Prüfung. Seit fast 50 Jahren baut „Fino", wie alle ihn nennen, seinen *riso* im historischen Kerngebiet des italienischen Reisanbaus an. Eingerahmt wird dies im Süden vom Po, im Osten von der Sesia und im Nordwesten vom Canale Cavour. Der von dem genialen Staatsmann Camillo Cavour angeregte Kanal revolutionierte im 18. Jahrhundert das Bewässerungssystem in der Region. In der Folge konnten die Reisanbauflächen auf fast 250 000 Hektar ausgedehnt werden.

Ein langer Weg

Wie und wann genau die „Perle des Orients" aus Asien nach Italien kam, liegt allerdings noch immer im Dunkeln. Erste Zeugnisse berichten davon, dass Reis bereits im Jahre 1300 in Turin verkauft worden sei. Die Biblioteca Casanatense in Rom bewahrt immerhin eine Illustration aus dem 15. Jahrhundert, die den Titel „Der Reisladen" trägt. Sicher ist, dass die Kultivierung der Pflanze in italieni-

Vom Frühjahr bis zum Frühherbst hat der Reis Zeit zu reifen. Großteils erledigen heute Maschinen die einst mühsame Handarbeit rund ums Pflanzen, Ernten und Verpacken des Getreides.

Die Erzeugergenossenschaften bauen ihren riso unter strengen Qualitätskriterien an – so bleiben die Reiskörnchen reich an Vitaminen und Mineralstoffen.

schen Klostergärten begann. Da die Ausdehnung der Nassfelder ab dem 15. Jahrhundert aber mit einer verheerenden Verbreitung der Malaria einherging, wurde der Reisanbau bald nach 1700 einer rigorosen Beschränkung unterworfen.

Heute dehnt sich Europas Reiskammer wieder über ein riesiges Gebiet. Rund eine Million Tonnen *riso* werden hier jährlich produziert. In Vercelli, Novara, Mortara und im lombardischen Pavia findet jeden Tag eine Reisbörse statt, auf der der Preis für die Körner ausgehandelt wird. „In der Zeitung freilich stehen nur die Notierungen von Mailand", erzählt Signore Bono, „der wichtigsten unserer fünf Wochenbörsen."

Reis übers Jahr

Im April meist werden die Saatkörner in den gefluteten Feldern ausgebracht – nach circa zwei Tagen intensiver Vorbefeuchtung unter fließendem Wasser. So sinken sie auf den Feldern direkt auf den Grund. Reiserntezeit ist der Herbst.

Wie große Käfer brummen nun Pflugtraktoren, Eggen und benzinbetriebene Schnitter über die Felder. Auch für das Dreschen und Trocknen gibt es hochmoderne Hilfen. Das Gleiche gilt für die Weiterverarbeitung. Nur noch zur Güteprüfung der bäuerlichen Reisproben bedient man sich menschlichen Augenmaßes. Ansonsten sortieren Laser die defekten Körner einer gesamten Lastwagenladung aus, trennen computergesteuerte Einrichtungen Spelzen und Korn, wird auf Knopfdruck geschält, geschliffen, poliert, dosiert und dann verpackt.

Gemeinsam stark

Italien ist der größte Reislieferant innerhalb der EU; das Gros der Felder liegt im Piemont. Um konkurrenzfähig zu bleiben, schlossen sich die rund 5000 norditalienischen Reisbauern zu Erzeugergenossenschaften zusammen. So verpflichten die Genossenschaftsmitglieder sich, so wenig Chemie wie möglich einzusetzen. Um die Böden zu schonen, wird zudem versucht, jedes Jahr das Feld für die neue Saat zu wechseln. Das zur Bewässerung eingesetzte Wasser der Alpenflüsse gilt als weiteres Kriterium für die hohe Qualität des piemontesischen Reises.

Fakten

Adeliger Vorreiter

Die große Bedeutung des neuartigen Nahrungsmittels für das damals kriegsgeschüttelte Norditalien erkannte als Erster der Herzog von Mailand, Gian Galeazzo Sforza. Deshalb ließ er 1475 den Herzögen von Ferrara Reissaat als Geschenk überbringen. Zwischen dem 15. und 16. Jahrhundert etablierte sich der Reis dann als Kulturpflanze im Piemont.

Reis ist nicht gleich Reis, und so produzieren die Reisgüter verschiedene Sorten: vom schneeweißen Carnaroli mit seinen ausgeprägten „Zähnchen“ über den hochwertigen schwarzen Venere bis hin zum Vialone Nano fürs Risotto und dem kleinkörnigen Suppenreis („originario“) mit einem runden hellen Fleck auf dem Bauch.

Maßstab 1:375.000
0
10km
BIELLA
IVREA
NOVARA
VERCELLI
CASALE MONFERRATO
ASTI
ALESSANDRIA
CHIERI
Chivasso
Santhià
Borgomanero
Borgosesia
Gattinara
Trino
Crescentino
Livorno Ferraris
Cigliano
Saluggia
Palazzolo Vercellese
Bosco d. Partecipanza
Parco Ris.Nat. la Bessa
Riserva Naturale delle Palude di Casalbeltrame
Oropa
Cossato
Biandrate
Borgo Vercelli
Valenza
Villanova d'Asti
Moncalvo
Montemagno
Sesia
1
2
3

Fruchtbare Ebene, uralte Kultur

Weit wie ein Meer zieht sich die pianura padana, die Poebene, durch das südliche Piemont, bis zu den Hügeln des Monferrat. Fruchtbar und bevölkert ist sie seit Jahrtausenden, wovon römische Spuren in Novara oder in der Reismetropole Vercelli ebenso zeugen wie die zwischen Feldern und Äckern verstreuten Weiler.

1 Novara

Ligurer, Gallier, Kelten, Römer, Franken, Langobarden, Spanier, Österreicher, Franzosen – seit dem 5. Jh. v. Chr. kannte Novara (105 000 Einw.) viele Herrscher. Cäsars Municipium Novaria an der Straße zwischen Vercellae und Mediolanum (Mailand) erblühte rasch zu einem wichtigen Wirtschaftszentrum Norditaliens; noch heute lässt sich die quadratische Struktur der römischen Siedlung in der Straßenanlage erkennen. Im 19. und 20. Jh. erfuhr die von Reisfeldern umgebene, von den Flüssen Terdoppio und Agogna gegürtete Landwirtschaftsmetropole einen industriellen Aufschwung (u. a. durch die Eisenbahnanbindung).

SEHENSWERT

Herz der Stadt ist der **Broletto,** ein Komplex samt Innenhof aus vier Gebäuden unterschiedlicher Epochen: Palazzo dell'Arengo und Palazzetto dei Paratici (13. Jh., mit Loggia aus dem 18. Jh.), Palazzo del Podestà und Palazzo dei Referendari (14./15. Jh.). Ihre Mauern bergen Teilsammlungen des Städtischen Museums

Museum beim Reisproduzenten La Colombara (oben). Kunstgeschichtlich bedeutend ist die Basilika Sant'Andrea in Vercelli (rechts).

(s. u.). Das **Baptisterium** aus frühchristlicher Zeit (4./5. Jh.) ist das älteste Gebäude Novaras, es wurde im 10. Jh. jedoch entscheidend umgestaltet. Seine Ausmalung aus dieser Zeit zeigt apokalyptische Motive und Prophetendarstellungen; eine Szene des Jüngsten Gerichts stammt aus dem 15. Jahrhundert.
Der **Dom** entstand zu Zeiten des ersten Bischofs von Novara (Gaudentius) an der Stelle einer romanischen Basilika; Teile des Ursprungsbaus (Glockenturm, Mosaikbodenfragmente) blieben erhalten. Im Museo Lapidario del Duomo (geöffn. auf Anfrage) sind weitere Relikte aus romanischer und frühchristlicher Zeit versammelt. Das elegante **Teatro Coccia** (1888; Via Fratelli Rosselli 47, www.teatrococcia.it) nahe dem Dom entstand nach Plänen von Cosimo Morelli. Sein heutiges neoklassizistisches Aussehen erhielt der **Dom Santa Maria Assunta** nach Plänen von Alessandro Antonelli, der im 19. Jh. auch für die Kuppel der Basilika **San Gaudenzio** (16./17. Jh.) verantwortlich zeichnete. Die Kirche steht nördlich des Doms. Nach langer Restaurierungszeit ist die Kuppel inzwischen wieder bis auf eine Höhe von 45 m im Rahmen von Führungen begehbar (Do./Fr. 9.00/10.00 – 13.00, Sa. 9.00 bis 13.00, 14.00 – 18.00, So. 14.00 – 18.00 Uhr, im Winter eine Std. kürzer; Voranmeldung erforderlich, Tel. 0321 39 40 59, www.cupolasangaudenzio.it). An der Piazza Cavour (östl.) sind Überreste der **antiken Ringmauer** (1. Jh. v. Chr.) zu sehen; der von vornehmen Wohnhäusern (18. Jh.) gesäumte **Corso Cavour** folgt in seiner Nord-Süd-Richtung dem Verlauf des römischen *cardo maximus,* während der **Corso Cavalotti** von West nach Ost den *decumanus* der antiken Siedlung Novaria beschreibt.

MUSEUM

Die **Galleria d'Arte Moderna Paolo e Adele Giannoni** (www.brolettodinovara.it, Di. – Fr. 9.00 – 12.30, 14.00 – 19.00, Sa./So. 10.00 bis 19.00 Uhr) ist Teil des Broletto-Ensembles.

UNTERKUNFT

Mit spiegelnden Holzböden und elegantem Mobiliar atmet das **€ € / € € € Hotel Cavour**

Tipp

Am Kanal entlang

Über rund 50 km kann man dem Netz von Radwegen zwischen den Flüssen Sesia und Ticino folgen, das die Provinz um Novara umzieht. Es ist beabsichtigt, auf diese Weise den sanften Tourismus in der Gegend zu fördern. Je nach Route orientiert man sich an den Kanälen Cavour, Regina Elena oder Diramatore Vigevano. Auf den Vie Verde (Grünen Wegen) lässt sich das Gebiet um Novara auch erwandern. Eine Broschüre (italienisch) zu den GiroInBici gibt Auskunft zu den Routen.

www.turismonovara.it („Routen")

(Via San Francesco D'Assisi 6, www.hotelcavournovara.com, 38 Zi., Parkplätze) moderne Eleganz.

UMGEBUNG
Auf das 11. Jh. geht die **Abbazia San Nazzaro** in Sesia (18 km westl.) zurück; die Kirche des wehrhaft wirkenden Abteikomplexes wurde im 15. Jh. teilweise gotisch umgestaltet (www.comune.sannazzarosesia.no.it).
Das von Reis- und Maisfeldern sowie für die Region typischen Bauernhöfen umgebene **Briona** (18 km nordwestl.) mit seiner Burg birgt eine keltische Nekropole. Das benachbarte **Fara Novarese** (20 km nordwestl.) ist eine mittelalterliche Gründung. Gut erhalten in der Weinbaugemeinde **Ghemme** (25 km nördl.; www.comune.ghemme.novara.it) ist die mittelalterliche Speicherburg *(ricetto)*.

INFORMATION
ATL Novara,
Baluardo Quintino Sella 40,
Tel. 0321 39 40 59, www.turismonovara.it

2 Vercelli

Bis ins Bronzezeitalter reicht die Geschichte der **Reismetropole** (47 000 Einw.) Italiens zurück. Aufgrund ihrer strategischen Lage im Vorfeld eines wichtigen Alpenpasses weckte die zur Kaiserzeit befestigte Siedlung immer wieder Begehrlichkeiten. Der römische Feldherr Gaius Maius gewann 101 v. Chr. auf den Campi Raudii, den Raudischen Feldern südlich der heutigen Stadt, die Schlacht von Vercellae. Bereits im 4. Jh. war Vercelli Bischofssitz (hl. Eusebius), 1228 wurde hier die erste Universität des Piemont errichtet. Bis heute sind zahlreiche Zeugnisse der mittelalterlichen Blütezeit erhalten, darunter auch einige Geschlechtertürme. Sie prägen das Stadtbild ebenso wie die vielen Kirchen und Paläste.

SEHENSWERT
Über dem einstigen Forum des römischen Vercellae erstreckt sich heute die mittelalterliche **Piazza Cavour** mit ihren Bogengängen – und dem Denkmal des ersten Ministerpräsidenten des vereinigten Königreiches Italien, Camillo Benso Conte di Cavour. Zu Füßen des steinernen Staatsmanns wird regelmäßig Wochenmarkt abgehalten; der Conte war Förderer des dann von dem Ingenieur Carlo Noè realisierten großen Bewässerungskanals durch mehr als 20 piemontesische Gemeinden. Den Platz dominiert die **Torre dell'Angelo** (14./15. Jh.), einer der markantesten Türme der Stadt.
Östlich davon stand an der trapezförmigen **Piazza Palazzo Vecchio** (auch: Piazza dei Pesci) einst das Rathaus; über die Via Gioberti und den Corso Libertà mit seinen vielen Geschäften gelangt man im Süden zur Kirche **San Cristoforo** mit Fresken Gaudenzio Ferraris (1529/34). In der ehemaligen Kirche **San Marco** in nördlicher Richtung finden in Zusammenarbeit mit der Peggy Guggenheim Collection in Venedig wechselnde Ausstellungen statt (ACRA Arte Vercelli). Aus einer Basilika des 5. Jh.s ging der **Dom Sant'Eusebius** im Norden des Zentrums hervor. Seine neoklassizistische Fassade weist auf eine breite Grünanlage in Richtung Bahnhof; der Glockenturm stammt aus dem 12. Jahrhundert.
Bauliches Juwel der Stadt aber ist die **Basilica Sant'Andrea** (1227) in der Nähe; sie gilt als bedeutendstes Werk am Übergang von der Romanik zur Frühgotik in Norditalien. Der Kreuzgang birgt noch mittelalterliche Details. Der frei stehende Campanile stammt aus dem 15. Jh. Das östlich des Doms gelegene mittelalterliche **Castello Visconteo** ist heute Sitz des Gerichts.

MUSEUM
Auf einer privaten Sammlung europäischer Kunstwerke ab dem 16. Jh. basiert das **Museo Borgogna** (Via Antonio Borgogna 4/6, www.museoborgogna.it, Di. – Fr. 14.30 – 17.30, Sa. 9.30 – 12.30, So. 10.00 – 12.30, 14.00 – 18.00 Uhr, im Winter Sa. nur vormittags), die zweitwichtigste Pinakothek des Piemont.

HOTEL
Zeitgenössische Eleganz verbunden mit Landhaus-Akzenten bietet das Bed & Breakfast **€ € La Terrazza Vercelli** (Via San Paolo 18, www.laterrazzavercelli.it, 6 Zi.).

RESTAURANT
Ein wenig wie bei *nonna,* der Großmutter, sieht es in der winzigen **€ € Trattoria Paolino** (Via San Paolo 12, Tel. 0161 21 47 90, Mo., Di. geschl.) aus.

UMGEBUNG
Das **Castello di Masino** TOPZIEL (49 km nordwestl.) blickt auf 900 Jahre Geschichte zurück. Es war noch bis 1987 bewohnt. Die umfangreiche Ausstattung der Säle – Möbel, Fresken und Gemälde – bringt vor allem das 17. und das 18. Jh. näher. Beiderseits des Canale Cavour (33 km westl.) liegen zahlreiche historische **Reisgüter,** darunter bei Livorno Ferraris die mit der Università di Scienze Gastronomiche in Pollenzo kooperierende Tenuta Colombara (http://acquerello.it) mit einem kleinen Museum zur Geschichte des Reisanbaus.
Die romanische Kirche San Michele in Insula von **Trino** (18 km südl.) schmücken Fresken aus dem 13. Jahrhundert.

Vom Castello di Masino reicht der Blick weit über Vestignè und die Landschaft (oben). Der Po (re.) bei Vercelli ist mit Inselchen versetzt.

Tipp

Königskekse

Geformt nach dem gezwirbelten Bart von König Vittorio Emanuele II., 1884 auf der Weltausstellung in Turin präsentiert und seit 1890 sogar als Patent geschützt, erfreuen die Krumiri di Casale Monferrato Süßmäuler weit über die Grenzen der Stadt hinaus. In der Pasticceria Portinaro wird das mürbe Spritzgebäck bis heute nach historischem Rezept seines Erfinders Domenico Rossi gebacken.

Via Lanza 17, www.krumirirossi.it

»Ein Panorama grandioser Weite entzückt um Trino. Reisfelder erstrecken sich scheinbar endlos unter dem azurblauen Firmament.«

In romanischem und gotischem Stil präsentiert sich die **Abbazia di Vezzolano** TOPZIEL (60 km südl.). Die Fresken im Kreuzgang stammen aus dem 14. Jahrhundert.

INFORMATION
APT Vercelli, Viale Giuseppe Garibaldi 90, Tel. 0161 25 55 13 und 0161 5 80 02, www.comune.vercelli.it, www.atlvalsesiavercelli.it

3 Casale Monferrato

Literarisch verewigt von Umberto Eco in seinem Roman „Die Insel des vorigen Tages" (Orig. 1994) liegt die Hauptstadt (35 000 Einw.) der einstigen Grafschaft Monferrato und der heutigen Region Basso Monferrato am südlichen Ufer des Po und von sanften Hügeln umgeben. Im 17./18. Jh. zu einer der stärksten Festungsstädte Europas ausgebaut, weist der Bischofssitz in seinem historischen Kern zahlreiche Zeugnisse des Barock auf.

SEHENSWERT
Markant reckt sich an der **Piazza Mazzini** die **Torre Civica;** der 60 m hohe Backsteinturm (11./16. Jh.) mit logenartiger Spitze ist das Wahrzeichen der Stadt. Von der langen Militärgeschichte Casales kündet heute einzig noch das **Castello dei Paleologi** (14./18. Jh.) östlich davon. Wehrgänge und Untergeschosse im Westflügel der Burg können zu bestimmten Feстterminen besichtigt werden.
An der Piazza Castello steht auch das bis heute bespielte **Teatro Municipale** (1791). Aus der gleichen Epoche wie das Gemeindetheater datieren zahlreiche Adelspaläste und Offiziers- bzw. Bürgerhäuser, darunter der Palazzo San Giorgio und der Palazzo Magnocavalli (beide von der Kommunalverwaltung genutzt und öffentlich zugänglich) sowie der zu Konzerten der Accademia Filarmonica geöffnete Palazzo Treville (alle Via Mameli, südwestl. der Piazza Mazzini).
Zu den ältesten Bauwerken der Stadt zählt die **Cattedrale di Sant'Evasio,** eine der schönsten romanischen Kirchen Italiens (im 19. Jh. erneuert; Piazza Angrisani, 8.30 – 12.00, 15.00 bis 18.30 Uhr, außer zu Gottesdienstzeiten) und zugleich ein statisches Meisterwerk ihrer Zeit, ablesbar am mächtigen Kreuzgewölbe. Das Innere birgt eine von Benedetto Alfieri geplante Kapelle aus dem 18. Jh. und eindrucksvolle Reste antiker Mosaiken.
Im ehemaligen Judenviertel befindet sich die **Synagoge** (1595) mit dem angeschlossenen, reich bestückten **Museo Ebraico** (Museo degli Argenti; www.casalebraica.info).

VERANSTALTUNGEN
Jedes zweite Wochenende (Sa./So., außer im August) findet auf der Piazza Castello ein großer **Antiquitätenmarkt** statt – verbunden mit einem Bauernmarkt (So.).

INFORMATION
Ufficio IAT, Piazza Castello, Tel. 0142 44 43 30, www.comune.casale-monferrato.al.it

Genießen Erleben Erfahren

DuMont Aktiv

Mit Fahrrad und Fernglas

Inmitten der Reisfelder der Poebene liegen immer wieder auch kleine Naturschutzgebiete. Von speziellen Ausgucken kann man hier diverse Vogel- und Wassertierarten beobachten. Hinter dem Museo Etnografico dell'Attrezzo Agricolo 'L Çivel lehnen die Fahrräder für unsere Tour: dicke Stollenreifen, der stabile Rahmen mal in Sonnengelb, mal in Azur. Wir schauen nochmals auf die Karte mit den Fernglassymbolen – und los geht es durch das Portal des landwirtschaftlichen Freiluftmuseums in die Reisfelder.

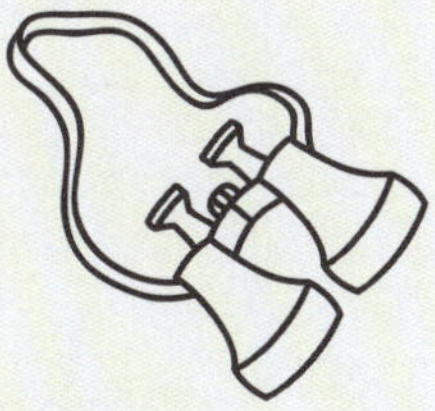

Vor einer verlassenen Cascina mit überwucherter Jugendstilkirche holpern wir über die schmalen, schnurgeraden Pfade, die sich durch die Felder ziehen. Nach einer guten halben Stunde und diversen Richtungswechseln gelangen wir zum ersten der kleinen Naturschutzgebiete: der Palude di Casabeltrame. Hinter einem Holztor erstreckt sich eine üppige grüne Wildnis.

Am Ufer eines Sees steht eine Stelzenhütte. Durch ihre mit Moskitonetzen vergitterten Fenster entdecken wir mit dem bloßen Auge eine Fülle verschiedener Enten und Reiher sowie das glänzende Fell zweier Biber knapp über der Wasseroberfläche. Das Fernglas erlaubt den Blick aber auch in ein im Schilf verstecktes Nest mit angebrüteten Eiern. Es ist stickig in der Hütte, bleiche Mückenlarven liegen auf den Fenstersimsen. Ein regionaler Künstler, so erfahren wir, hat die hier angebrachten Bilder der Vögel angefertigt.

Weitere Informationen

Kontakt: Poderia Cascinale dei Nobili, Via Cavour 4, Casabeltrame, www.casalbeltrameonline.it, Di. – Fr. 9.00 – 13.00, Sa./So. 15.00 – 18.00, Mai – Juli bis 19.00 Uhr

Planung: Die Karte zu den Vogelbeobachtungsstellen gibt es kostenlos im Museum; auch Räder können dort ausgeliehen werden.

Fernglas in Position – so kommen die scheuesten Vogelarten in den Blick. Wer Genaues erfahren möchte, unternimmt die Birdwatching Tour in Begleitung eines Ornithologen.

Genuss in allen Facetten

Sanfte Rebhügel, lichte Trüffel- und Haselnusshaine, königliche Residenzen und farbenfrohe historische Feste: An den Ufern des Tanaro ist das Dolce Vita des Piemont zu Hause. Namen wie Barolo, Asti, Alba und Bra stehen für höchste Genießerfreude; kein Wunder, dass in diesem Schlaraffenland die Slow-Food-Bewegung das Licht der Welt erblickte.

Die roten Dächer von Serralunga d'Alba setzen sich kräftig vom Grün der Langhe-Landschaft ab. Die Weinlandschaft Langhe-Monferrato zählt zum Welterbe der UNESCO.

Zeitgenössische Künstler im Piemont schaffen und schufen großartige Kontraste zu den Werken Alter Meister: für das Auge Valerio Berruti (hier mit seiner Frau Elisa Giordano) mit seinen Gemälden, ...

... für das Ohr der Sänger und Songwriter Gianmaria Testa mit seinen Liedern.

Alltag in Alessandria – Fisch bekommt man kaum frischer als in der Fischhandlung in der Fußgängerzone.

Traditionell wie der Borsalino ist das Ambiente des historischen Ladens in der Fußgängerzone von Alessandria.

Tane oder Tani nennen ihn liebevoll die Piemontesen, den zweitgrößten Fluss ihrer Heimat. An den Ufern seiner unzähligen Windungen reihen sich berühmte Orts- und Städtenamen, die die Augen eines jeden Feinschmeckers und Weinliebhabers leuchten lassen. Von dem Schnecken-Dorado Cherasco über die Trüffelhochburg Alba und durch die Rebhügel des Astiese begleitet der Tanaro den Reisenden bis hinauf nach Alessandria mit seinem wunderbaren Markt an den nördlichen Arkadengängen der Piazza Garibaldi.

Von hier sind es nur ein paar Schritte zum Palazzo Borsalino, der legendären Hutfabrik, die ab 1857 den Ruf Alessandrias hinaustrug in die Welt. Zwar werden heute in dem Art-déco-Gebäude keine Kopfbedeckungen mehr produziert, sondern Wissen gelehrt (einen Teil der Räumlichkeiten nutzt die Universität). Aber die Antica Casa, das erste Verkaufsgeschäft am Corso Roma, ist noch original erhalten. In den edlen Holzregalen stapeln sich freilich längst diverse Modelle des typischen *cappello* mit breitem Ripsband – inzwischen auch in Farben wie Flieder oder Türkis und für den Sommer aus hellem, breitkrempigem Strohgeflecht. Denn längst ist ein Borsalino nicht mehr nur Männersache ...

Die Hutfabrik trug den Ruf Alessandrias hinaus in die Welt.

Ton- und farbangebend

Auch im 21. Jahrhundert waren und sind es häufig die Herren der Schöpfung, die den Ton angeben im Piemont. Wie zum Beispiel lange Zeit (und im Sinne des Wortes) der 2016 verstorbene Gianmaria Testa, der in Cuneo als Bahnhofsvorsteher tätig war, bevor er seine Gesangskarriere startete. Oder Ludovico Einaudi, Pianist und Komponist; sein Vater

Lange vergangene Zeiten leben beim Mittelalterfest in Canelli auf.

Der Palio ist der große Stolz (fast) aller Astiesen; umso glücklicher nimmt der Sieger nach dem Pferderennen die Glückwünsche entgegen.

Ein großes Event ist die Nachstellung der Belagerung Canellis in historischen Kostümen und mit ebensolchem Equipment – gefeiert wird damit Jahr um Jahr der gemeinsame Sieg von Bevölkerung und Soldaten über den Herzog von Gonzaga.

Die Destillerie Berta bei Mombaruzzo hat sich der Grappaproduktion verschrieben. So unterschiedlich die Holzart der Fässer, in denen das Destillat im Reifekeller lagert, so unterschiedlich in Geschmack und Farbe sind auch die Grappasorten.

hatte einen Verlag in Turin gegründet, der lange zu den bedeutenden Institutionen auf dem Gebiet der Literatur im Lande zählte. Umberto Eco, Philosoph und Bestsellerautor aus Alessandria, rief hingegen die Internetzeitschrift *Golem l'Indispensabile* als Sprachrohr für soziokulturelle Belange und mit anderen 2002 die Gruppe Libertà e Giustizia als intellektuelle Opposition gegen die Politik des damaligen Staatspräsidenten Berlusconi ins Leben. Carlo Petrini aus Bra wiederum begeistert nicht nur seine Landsleute von der Idee des langsamen, bewussten Genusses. Valerio Berutti reflektiert mit seinen Zeichnungen, Gemälden und Plastiken Alltagsthemen. Sein Atelier hat der gebürtige Albanese in einer von ihm restaurierten Kirche aus dem 17. Jahrhundert im Weiler Verduno, kaum drei Kilometer Luftlinie von der (niemals geweihten) Weinbergkapelle Madonna delle Grazie (1914) unterhalb von La Morra. Deren Außenmauern bemalte der amerikanische Künstler Sol LeWitt in leuchtenden Farben, sein englischer Freund und Kollege David Tremlett sorgte für die ebenso farbenfrohe Innengestaltung.

Ein Etikett kommt zu Ehren

Gestaltung spielte auch für den Grappa-Macher Romano Levi aus Neive eine Rolle. Ab den 1960er-Jahren schuf er eigenhändig seine Flaschenetiketten. Auf die schlichtesten malte er neben die handschriftlich vermerkten Informationen zum Inhalt das eine oder andere Blümchen; auf andere schrieb er ein Gedicht. Selten zeigt sich auf den Etiketten das Motiv der legendären „Donna Selvatica", eine mit wenigen Strichen skizzierte Frauengestalt. Diese, wie es heißt, imaginäre Lebensgefährtin des ewigen Junggesellen Levi ziert inzwischen auch den Boden des Museums zu Ehren des 2010 verstorbenen Destillateurs im einstigen Palazzo Comunale.

Man spürt die Spannung am Vorabend des Palio …

Festlicher Pferdewettstreit

Es geht hoch her unter den Arkaden von Asti an diesem Samstag, dem Vorabend des Palio. Die *rioni* und *borghi*, die teilnehmenden Stadtviertel, richten ihre *cena* aus. Es wird gelacht und anfeuernd gesungen bei diesem einfachen Mahl, das die langen Vorbereitungen zu dem historischen Pferdewettrennen krönt. Doch man spürt die Spannung unter der Fröhlichkeit – wird er gewinnen, der Reiter, auf dessen Können das Komitee in diesem Jahr gesetzt hat? Zu später Stunde kommt er an den Ehrentisch des Bürgermeisters. Alle Blicke der fast 70 Gäste von San Secondo, dem zentralen Stadtviertel mit weiß-roter Wappenfarbe, wenden sich ihm zu.

Der Palio ist erstmals im Jahr 1275 belegt, und damit ist er deutlich älter als jener von Siena. Fahnenschwinger und ein historischer Kostümumzug rahmen den eigentlichen Kampf der (sattellosen) Rosse auf der Sandbahn im Herzen der Stadt. An einem ihrer Ränder formiert sich meist ein Grüppchen Paliogegner, Tierschützer in der Regel, deren Stimme vor allem dann Gehör findet, wenn mal wieder ein Unfall passiert …

Paveses Erinnerungen

Hinter der Brücke über den Tanaro steht auf der Strada Provinciale 31 von Santo Stefano Belbo eine große Stele. Sie trägt das Bildnis von Cesare Pavese (1908–1950), dem berühmtesten Sohn des 4000-Seelen-Ortes. Das Geburtshaus

Langhe und Monferrato geizen nicht an Impressionen, die sie dem Reisenden mitgeben – da sind in sanfte Hügel eingebettete Orte wie Barolo, Leute bei einem nachbarschaftlichen Schwatz wie in Serralunga d’Alba, Begegnungen mit Kellermeistern und Einblicke in Weinkeller wie bei Gavi.

Senkt sich der Abend über dem Land, steigt mancher Gast gerne auch auf einen angesagten Cocktail um.

La Morra ist einer der elf Orte, die die hier angebaute, ausdrucksstarke Nebbiolo-Traube als Barolo vermarkten dürfen.

des Autors liegt ein wenig abseits des Zentrums, in Richtung Canelli; es dient inzwischen für Wechselausstellungen diverser Art und birgt im Obergeschoss das nachgestellte Schlafzimmer der Familie. Nur wenige Spazierminuten von dem Eckgebäude lebte Pinolo Scaglione, ein Schreiner und Instrumentenbauer, der Pavese zum engen Freund wird – und als Nuto (da er stets ein *benvenuto* als Willkommensgruß auf den Lippen hatte) Eingang in sein Werk findet. „Es riecht nach frischem Holz, Blumen und Sägespänen", heißt es über Nutos Werkstatt bei Pavese – und wer heute das Glück hat, einen Blick in sie zu erhaschen (etwa im Rahmen einer Führung der Fondazione Pavese), könnte tatsächlich meinen, Nuto sei dort noch zu Gange, denn fast alles wurde wie an seinem letzten Tag dort belassen.

Auf den Spuren des Papstes

In der Locanda dell'Antico Ricetto sitzen die Gäste dem Papst quasi auf dem Kopf. Denn das Lokal im historischen „Palas ad Bulca" von Portocamaro thront auf der Krone der Stadtmauer, an der ein riesiges Plakat mit dem Konterfei von Franziskus hängt. Auch der Blumenladen hat seine Fassade mit dem Bild des „papa" geschmückt. Man ist stolz auf Francesco in Portocamaro, schließlich stammen Urgroßvater und Großvater des christlichen Oberhirten aus dem Ort – und auch sein in Turin geborener Vater Mario Bergoglio lebte hier, bevor er 1929 mit den Eltern nach Argentinien auswanderte.

Der kleine Jorge Mario Bergoglio lernte erst im Alter von zehn Jahren die Heimat seiner Vorfahren kennen – aus der übrigens auch ein anderer wichtiger Geistlicher stammt: Giovanni Melchiorre Bosco, besser bekannt als Don Bosco. Die Wiege des vom Vatikan 1934 heiliggesprochenen Jugendseelsorgers und Gründers des Salesianerordens stand in Becchi bei Castelnuovo. An diesem Sonntag jedoch spielt die Religion nur eine Nebenrolle in den Gesprächen der Portocamaresen. Denn zu Füßen

Ein wahres Fest für Auge, Nase und Geschmackssinn ist die Slow-Food-Käsemesse in Bra, die die ganze Fülle an Käsevarianten vor des Besuchers Auge und Nase ausbreitet.

Was unter so großer Anteilnahme bravourös gesucht und gefunden wird, kommt später fein gehobelt ...

... über das Risotto al Tartufo Bianco, auch im Ristorante Alla Corte dei Alfieri.

Special

Slow Food

Genuss mit Muße

Alles begann in Serralunga d'Alba: Carlo Petrini und seine Freunde des Barolo legten den Grundstein zu der inzwischen weltweiten Bewegung von bewussten Genießern und verantwortungsvollen Konsumenten. Kein Schneckensymbol, nirgends. Weder in Bra, jener Stadt, der Slow-Food-Vater Carlo Petrini entstammt und in der alljährlich die große Slow-Food-Käsemesse Cheese ausgerichtet wird. Noch in Pollenzo, wo seit 2004 die Università degli Studi di Scienze Gastronomiche ebenso ihren Sitz hat wie die Banca del Vino, das Weingedächtnis Italiens. Beides sind Slow-Food-Gründungen.

Weinarchiv der Banca del Vino in Pollenzo

Die Organisation selbst wurde indes auf Fontanafredda geboren, mitten in den Weinbergen des Barolo, zunächst unter dem Vereinsnamen Agricola. Man schrieb das Jahr 1986; in Rom hatte an der Spanischen Treppe gerade die erste McDonald's-Filiale eröffnet. Petrini, der seit Mitte der 1970er-Jahre über Essen und Trinken schrieb und öffentlich gegen das damals publik gewordene Panschen von Barolo mit Methanol protestiert hatte, organisierte als Antwort auf den Schritt der amerikanischen Fast-Food-Kette ein öffentliches Spaghetti-Essen auf der Piazza di Spagna. Drei Jahre später wurde in Paris Slow Food International gegründet; 1996 rief Carlo Petrini dann in Turin den Salone del Gusto ins Leben.

der Palastmauer wird ein Tamburello-Match ausgetragen. Bei dem bereits in der Renaissance bekannten, von den Regeln her etwa dem Tennis vergleichbaren Spiel wird ein kleiner Ball mit einem tambourinartigen Schläger geschlagen. Anfang des 19. Jahrhunderts bauten norditalienische Städte wie Turin Arenen für den Tamburello-Sport.

Köstlichkeiten aus Bra

Beim Spaziergang durch Bras Gassen stehen wir plötzlich vor diesem Käseladen in der Via Montegrappa. Fiorenzo Giolito beschwört zunächst die Vergangenheit herauf, erzählt die Geschichte von seiner Großmutter, die mit dem Pferd bis nach Genua ging, um dort den Auswanderern Käse aus Bra zu verkaufen – auf dass diese ein Stück Italien in die unbekannte Ferne mitnähmen.

Doch rasch schlägt der Affineur den Bogen zur Gegenwart, präsentiert Toma, Castelmagno, Robbiola, Raschera, Murazzano und Nostrale, den Käse der Hirten, sowie die neue Kreation Braciuk, einen trestergelagerten Bra.

Seit den 1990er-Jahren hat Signore Giolito sich auf die *formaggi* des Piemont spezialisiert, lässt in seinen Kellern reifen, was Käsemacher auf den Almen des Piemont zu Laiben und Rollen formten.

WEIN

Der Barolo und seine Brüder

Ob rot oder weiß, „fermo“ oder „frizzante“ – in Sachen Wein ist das Piemont federführend, was die Qualität betrifft. Es gibt 12 DOCG-Bereiche, so viele wie sonst nirgendwo in Italien. Auch bei den DOC-Gebieten – rund 50 – nimmt die Region eine Spitzenposition ein.

Asti Spumante. Nicht nur jeder Piemontese und jeder Italiener kennt diesen Wein. Ein prickelnder Botschafter des Monferrato, jener Region, aus der auch der Barbera stammt. Aber eines gleich vorweg: Asti Spumante wird nicht in der Stadt Asti produziert. Seine Kellereien – Bosco, Coppo, Contratto – liegen vielmehr im Ort Canelli – in der Provinz Asti!

Piemonteser Traubenpracht

Während im Monferrato überdies Trauben für zwei weitere (nicht moussierende) Süßweine wachsen, nämlich Brachetto und Malvasia, stammen aus dem Roero, dem Gebiet um die Trüffelmetropole Alba, der kernige weiße Arneis und der etwas spritzigere Favorita.

Tiefes Rot, helles Weiß

Vornehmlich an den Hügeln der Langhe wächst die Nebbiolo-Traube für den Barolo, den „Wein der Könige", und seinen „kleinen Bruder", den samtigen Barbaresco.

Aber auch der auf weiten Flächen angebaute, beliebte Dolcetto und der Moscato sind um Asti und Dogliani anzutreffen; südlich von Alessandria ist der weiße, mineralische Gavi zu Hause. Viele dieser Weine tragen das Güte- und Herkunftssiegel DOCG – Denominazione di Origine Controllata e Garantita. Und auch im piemontesischen Norden produzieren Winzer köstliche Tropfen – etwa den Gattinara (benannt nach seinem Erzeugerdorf) oder den wieder zunehmend interessanten autochthonen Erbaluce, angebaut unter anderem im Canavese und an den Colline Novaresi.

Aus dem winzigen DOCG-Gebiet um Ghemme (rd. 50 Hektar) kommt ein rubinroter Nebbiolo mit Veilchen- und Rosenaromen. Und sogar im Aostatal stehen rund 700 Hektar unter Reben. Die Weingärten befinden sich hier in einer Höhe von bis zu 1200 Metern.

Einlage für die Ewigkeit

Wer mehr über piemontesische Weine wissen möchte, wendet sich am besten an Francesca oder ihre Kollegen von der Banca del Vino in Bra (S. 101). Alle Weinregionen Italiens sind hier vertreten, jeder der nach dem Slow-Food-Guide ausgewählten Winzer lieferte 90 Flaschen ein – „in der Banca aufgeteilt für den Verkauf, zum Altern und als ewige Einlage", erläutert Francesca.

Das ganze Jahr über bietet die „Bank" in Pollenza Verkostungen an, doch auch bei den meisten Winzern darf man ein Schlückchen probieren; mitunter wird ein kleiner Obolus erhoben. *Spumante, frizzante* und *fermi* (stille Weine) sind darunter wie auch besondere Weinspezialitäten.

Barbera und andere Weine produziert Pierfranco Baldi und verleiht den Flaschen puristische Etiketten (oben). Vom trockenen Gavi zeugen nur noch die Korken.

Aus den dunklen Nebbiolo-Trauben entsteht der renommierte Barolo.

Fakten & Informationen

Die Weinbaufläche des Piemont beträgt rund 58 000 Hektar; das Gros der Reben steht im Gebiet des Monferrato. Die am weitesten verbreitete Rebsorte ist Barbera. Nur drei Orte verfügen über offiziell anerkannte Lagen für Barbaresco: der Namensgeber sowie Neive und Treiso.

Weitere Informationen zum Wein im Piemont bieten u. a.: das Museo del Vino und die Enoteca Regionale del Barolo im Schloss Barolo (S. 99); die Enoteca Regionale (Piazza del Municipio 7) in Barbaresco; die Önothek in der Burg von Grinzane Cavour (www.castellogrinzane.com).

Maßstab 1:375.000
10km
SETTIMO TORINESE
CHIERI
ASTI
ALESSANDRIA
TORTONA
VOGHERA
CASALE MONFERRATO
NOVI LIGURE
ALBA
BRA
Cherasco
Acqui Terme
Ovada
Valenza
Nizza Monferrato
Canelli
Serravalle Scrivia
Gavi
Parco Capanne di Marcarolo
1
2
3
4

Zu Gast beim König der Weine

An den Ufern des Tanaro und in den Hügeln der Langhe sowie des Roero hat die Natur ihr Füllhorn ausgeschüttet. Von der Borsalino-Wiege Alessandria bis zur Slow-Food-Hochburg Bra ziehen sich Weinlagen mit Weilern wie Barolo, Barbera, La Morra und Canelli; nicht zu vergessen die Trüffelmetropole Alba und das Palio-Städtchen Asti.

1 Alessandria

Papst Alexander III. stand Pate beim Namen der 1168 gegründeten heutigen Provinzhauptstadt (94 000 Einw.) am Ufer des Tanaro. Am Handelsweg nach Genua gelegen, gelangte die spätere Heimat des Komponisten Jean Massin, des Hutmachers Giuseppe Borsalino und des Schriftstellers Umberto Eco zu wirtschaftlicher Blüte.

SEHENSWERT
Hinter den Bogenportalen der Piazza Garibaldi erstreckt sich das lebendige Altstadtviertel Rovereto mit baulichen Zeugnissen vor allem des 18. und 19. Jh.s. Nach dem Abbruch der napoleonischen Bastionen erfolgte eine radikale urbanistische Neugestaltung der Stadt.

Tipp

Wein filmreif

Im Schloss Barolo widmet sich das von François Confino, dem Szenografen des Kinomuseums in Turin, ausgestattete Museo del Vino auf anregende Weise allen Facetten des Weins. Das kann auch mal spielerisch geschehen – die Traube steht aber immer im Zentrum.

MUSEO DEL VINO
Castello Comunale Falletti di Barolo, www.wimubarolo.it

Das Wahrzeichen der Stadt Acqui Terme: Auf der Piazza della Bollente schützt ein achteckiger marmorner Pavillon, einem Tempelchen ähnlich, die Thermalquelle – „La Bollente", die Heiße.

Auf das 9. Jh. geht die Kirche **Santa Maria di Castello** im Norden des Zentrums zurück; ebenfalls mittelalterliche Ursprünge haben die **Umiliati-Häuser** (Via Lumelli), der **Bischofspalast** und der **Dom San Pietro** (im 19. Jh. umgestaltet; Piazza Giovanni XXIII). Ein imposantes Beispiel des piemontesischen Barock ist der **Palazzo Ghillini** von Benedetto Alfieri; das **Rathaus**, der Palazzo Rosso, mit seinem Mondphasenquadranten stammt aus dem 18. Jh. (beide Piazza della Libertà).
Die **Zitadelle** auf dem anderen Tanaro-Ufer wurde noch bis 2007 militärisch genutzt (Sa., So. 15.00 – 18.00 Uhr).

MUSEUM
Mehr als 2000 Hutmodelle umfasst die Sammlung des **Museo del Cappello Borsalino** (Via Cavour 84, Tel. 0131 23 42 66, Sa./So. 15.00 bis 19.00 Uhr).

HOTEL
Fröhliche Farben dominieren in den drei Zimmern des **€ / € € B & B Arcobaleno** (Via Verona 102, www.bbarcobalenoalessandria.it) in einem Gebäude aus dem 18. Jahrhundert.

EINKAUFEN
An der Shoppingmeile Corso Roma (Nr. 20) gibt es aktuelle **Borsalino-Hüte.**

UMGEBUNG
Zu Füßen der eindrucksvollen Festung von **Gavi** (36 km südöstl.) wachsen die Trauben für den bekannten trockenen Weißwein gleichen Namens. Bereits in der Antike wurden die Heilwässer von **Acqui Terme** (35 km südwestl.) genutzt. Mitten in der Altstadt beschirmt ein Pavillon eine 75 °C heiße Schwefelquelle; der historische Kurbereich mit nun modernen Spa-Alternativen liegt südlich des Zentrums am Flussufer.

INFORMATION
Ufficio Turismo, Piazza della Libertà 1, Tel. 0131 30 41, 0131 5 15 41 44 31, www.comune.alessandria.it, www.cultural.it

2 Asti

Hervorgegangen aus dem römischen Hasta, bereits im 5. Jh. Bischofssitz und wichtigste Stadt im Piemont, verbindet man heute mit Asti (76 000 Einw.) v. a. Pferde (Palio) und Wein.

SEHENSWERT

Hauptader der Stadt ist der von alten Palazzi, Bars und Läden gesäumte **Corso Vittorio Alfieri,** benannt nach dem in dem dortigen Palazzo Alfieri geborenen Dichter und Dramatiker (1749 – 1803). Politische und religiöse Macht konzentriert sich an der **Piazza San Secondo** im Zentrum mit der gleichnamigen, romanisch-gotischen Kirche sowie dem barocken **Palazzo Civico,** Sitz des Stadtrats und des Palio-Gremiums. Der **Palazzo del Podestà** (Via dei Cappellai/Via Incisa) nahe der Piazza zählt zu den schönsten mittelalterlichen Bauten Astis. Der frei stehende Turm, die **Torre Rossa** (11. Jh., ursprünglich Teil der römischen Stadtmauer), schließt sich im Westen an den Corso an. Unweit des Palazzo Ducale, an der Piazza Medici, reckt sich die mittelalterliche **Torre Troyana** (44 m), einer der einst zahlreichen Geschlechtertürme – wie die sich südlich davon erhebende **Torre de Regibus** (Via Roera/ Corso Alfieri) oder die **Torre Comentina** (Corso Alfieri).
Auf den Resten einer römischen Kirche ruht die eindrucksvoll verzierte Kathedrale **Santa Maria Assunta e San Gottardo** (1295 – 1350) nördlich des Corso Vittorio Alfieri.

MUSEUM

Im restaurierten barocken **Palazzo Mazzetti** sind Stadtmuseum und städtische Pinakothek untergebracht (Corso Alfieri 357, Di. – So. 10.30 bis 18.30 Uhr, www.palazzomazzetti.it).

VERANSTALTUNG

Wichtigster Termin im Festkalender ist der **Palio** TOPZIEL (www.comune.asti.it, „Notizie/Manifestationi ...", dritter So. im September).

Tipp

Honig & Eis

Antonio Strumia eröffnete einst die erste Mieloteca Italiens. Lorenzo Bertollo, sein Nachfolger in dem urigen Lädchen (mit kleinem Café), bietet nach wie vor ca. 60 verschiedene Honigsorten an – als gelernter Pasticciere führt er sowohl die Tradition des hausgemachten Feingebäcks als auch jene der Eisherstellung fort.

IL TROVAROBE DI COSE BUONE
Via Vittorio Emanuele 9,
Sommariva del Bosco,
Tel. 320 8 78 24 18, www.iltrovarobedicosebuone.com, Di. – So. 7.00 – 12.30 und 15.00 – 19.30 Uhr

Wehrhaft sind die Festung bei Gavi (oben) und das Castello von Grinzane Cavour (re.). Käse ist Thema und Kulisse auf der Messe in Bra (oben)

HOTEL

Das familiengeführte, charmante **€ € € Hotel Cà Vittoria** (Via San Damiano 7, Tigliole d'Asti, www.ristorantevittoria.it, 14 Zi., Terrasse, Pool) liegt ruhig und mit herrlichem Ausblick vor den Toren von Asti.

RESTAURANT

Pasta, die Tagesspezialität oder den Teller mit Schinken und Käse zur Weinverkostung – in der **€ / € € Enoteca il Cicchetto** (Via Garetti 11/13 und Via Aliberti 14, Tel. 0141 32 02 25, Mo. geschl.) isst und trinkt man gut und günstig.

UMGEBUNG

Für die Fans des Schriftstellers Cesare Pavese gibt es in seinem Geburtsort **Santo Stefano Belbo** (27 km südl.) ein kleines Museum mit Fotos, Erstausgaben und Handschriften (Fondazione Pavese, Piazza Confraternita 1, www.fondazionecesarepavese.it).
Vor allem für seine historischen Gewölbekeller ist das Sektstädtchen **Canelli** (26 km südöstl.) berühmt. **Nizza Monferrato** (25 km südöstl.) richtet jeweils am 3. Maisonntag die Corsa delle Botti aus, einen Fasswettrollen mit buntem Rahmenprogramm.
In **Casteletto Molina** (33 km südöstl.) hat die Destillerie Berta ihren Sitz. Um **Mombaruzzo** (25 km südöstl.) werden die Reben für den roten Dolcetto d'Asti sowie für diverse Schaumweine angebaut.

INFORMATION

Ufficio Informazioni,
Piazza Alfieri 34, Tel. 0141 53 03 57,
www.astiturismo.it

3 Alba

Als Alba Pompeia 89 v. Chr. gegründet, im 11. Jh. erneut erblüht, fiel die heutige Trüffel- und Weinhochburg 1259 an Asti, ihre Konkurrentin als Stadtrepublik. Nach einer großen Pestepidemie erholte sich die „Stadt der 100 Türme" wieder unter den Savoyern; im 20. Jh. war sie eine der Hochburgen der Resistenza.

SEHENSWERT

Ziegelrot dominiert die **Cattedrale di San Lorenzo** (15./16. und 19. Jh.; Glockenturm 12. Jh., interessante Innenausstattung) das Herz der ringförmigen und weitgehend autofreien Altstadt zwischen Piazza Rosetti und Piazza Risorgimento. An der Hauptgeschäftsader **Via Vittorio Emanuele,** die zu den Arkaden der Piazza Savona führt, steht die Barockkirche **Santa Maria Maddalena.** Von den mittelalterlichen Geschlechtertürmen sind nur noch wenige erhalten, vor allem in der Via Camillo Benso Cavour **(Torre Astesiano).** Am Alten Marktplatz (Piazza Pertinace) steht noch die **Casa Giuliano,** bekannt unter dem Begriff Loggia dei Mercanti.

VERANSTALTUNGEN

Berühmt sind vor allem der **Trüffelmarkt** (Okt.; jedes Wochenende) sowie der **Palio degli Asini,** der Eselspalio (1. So. im Okt.).

UMGEBUNG

Reizvolle Weinorte wie **Barbaresco** (11 km östl.), **Neive** (14 km östl.), **Serralunga d'Alba** (18 km südl.), **Roddi** (9 km südwestl.), **Grinzane Cavour** (10 km südwestl.) und **Barolo** (14 km südwestl.) lassen sich bestens per Auto oder Rad erkunden. Rund 13 km südlich liegt **Castiglione Falletto,** ein Dorf mit mächtiger Festung und bedeutenden Barolo-Weingütern.

INFORMATION

Ufficio Turistico, Piazza Risorgimento 2,
Tel. 0173 3 58 33, www.langheroero.it

4 Bra

In dem von den Hügeln des Roero umgebenen, aus dem antiken Brayda erwachsenen Barockstädtchen (29 400 Einw.) am Tanaro dreht sich fast alles um den Genuss. Slow Food, die Käsemesse Cheese und die legendäre, vom Hause Savoyen autorisierte rohe Kalbswurst sorgen für internationale Bekanntheit; die fruchtbaren Felder der Umgebung liefern reichlich Gemüse.

SEHENSWERT

Um die Piazza Caduti della Libertà, den historischen Marktplatz, stehen die wohl eindrucksvollsten Zeugnisse des Barock, allen voran die Kirche **Sant'Andrea** (1672 – 1687), ursprünglich ein Projekt von Gian Lorenzo Bernini. Der Turiner Baumeister Bernardo Antonio Vittone gestaltete den **Palazzo Comunale** um. Weitere Paläste sind der **Palazzo Mathis** (Wandmalereien in der Sala Nobili, 17. Jh.) und der **Palazzo Garrone,** beide gehen auf das Mittelalter zurück.
Treffpunkte der von zahlreichen Gassen und Innenhöfen geprägten Stadt sind die **Via Cavour** und die **Via Vittorio Emanuele** mit ihren historischen Geschäften und Cafés (wie dem „Converso" von 1901).
Das Wahrzeichen **La Zizzola,** eine achteckige Villa auf der Kuppe des Monteguglielmo und beliebter Aussichtspunkt, stammt aus dem 19. Jahrhundert.

MUSEUM

Im Palazzo Traversa (15. – 19. Jh.) ist das **Museo Civico** (Via Parpera 4, www.palazzotraversa.it, Di., Do., So. 15.00 – 18.00, So. auch 10.00 bis 12.30 Uhr, Dez./Jan. So. geschl.) unter anderem mit Funden des römischen Pollentia untergebracht.

VERANSTALTUNG

Die Stände der **Slow-Food-Messe Cheese** (www.cheese.slowfood.it; Ende Sept.) ziehen sich vom Corso Garibaldi bis zur Piazza Roma.

HOTEL

Modernes Weingutdesign beherrscht das **€ € € Albergo Cantine Ascheri** (Via G. Piumati 23, www.ascherihotel.it; 27 Zi.), in dessen **€ € Osteria Murivecchi** (Di. – So.; Sa. mittags geschl.) es urig-gemütlich zugeht.

EINKAUFEN

Eine echte **Salciccia di Bra** (Wurstsorte) gibt es u. a. in der Macelleria Tibaldi (Corso Garibaldi 18); s. auch Unsere Favoriten S. 111.

UMGEBUNG

Pollenzo (4,2 km östl.) ist Sitz der Slow-Food-Universität, in deren Mauern auch die Banca del Vino eingerichtet wurde (www.bancadelvino.it). Berühmt für seine Schnecken und großen Märkte ist **Cherasco** (6 km südl.; www.comune.cherasco.cn.it).
Einige der besten Weine der Region Barolo kommen aus **La Morra** TOPZIEL (13 km südöstl.); durch die steilen Rebhänge führt der Barolopfad. Im Ortsteil **Annunziata** steht das ehemalige Kloster San Martino di Marcenasco (15./17. Jh.). Seine Mönche ließen bereits Reben reifen. Die Familie Ratti tut es ihnen gleich; sie unterhält ein kleines Weinmuseum in dieser Abtei.

INFORMATION

Ufficio Turismo Bra, Palazzo Mathis,
Piazza Caduti della Libertà 20,
Tel. 0172 43 01 85,
www.turismoinbra.it

Genießen Erleben Erfahren

DuMont Aktiv

Trüffelsuche mit Hund

Tartufo bianco d'Alba – er gilt als bester und teuerster Speisepilz der Welt. Der weiße Edelpilz wächst außer bei Alba auch an anderen Orten des Piemont, etwa in der Region von Costigliole d'Asti – ebenso wie die schwarze Variante der begehrten Knollen. Wer sie selbst suchen möchte, kann einen *trifulau* begleiten. „Weiße Trüffel oder keine. Und dazu natürlich einen gereiften Barolo." Der betagte Weinhändler macht keine Kompromisse.

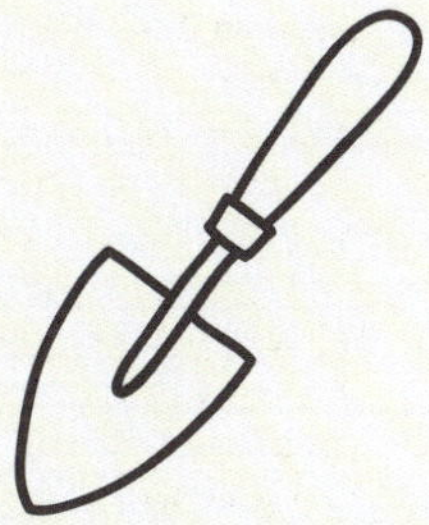

Auch Natale serviert diese Kombination am Ende unseres Ausflugs in „sein" Revier. Er ist ein *trifulau,* ein lizenzierter Trüffelsucher – wie sein Vater, den er schon im Alter von sieben Jahren begleitete. Heute nimmt Natale auf einige seiner Touren Gäste mit. Meist ist es, wie an diesem Tag, ein internationales Grüppchen. Wir stehen gemeinsam auf dem Familienanwesen; hören ein paar einführende Worte zum Thema *tartufo bianco* und *tartufo nero* – und lernen Natales wichtigste Helfer kennen: seine Hunde.

Nur zwei von ihnen dürfen heute mit. Wir klettern die Straßenböschung hinauf und folgen dem Pfad in ein Wäldchen bis zu einer Lichtung. „Dai, dai", ruft der Trüffelsucher, schnipst und pfeift. „Vai, vai, forza, eh, eh, eh." Die Laute gelten den auf dem Waldboden schnüffelnden Hunden. Es dauert nicht lange, da beginnt einer von ihnen mit Schnauze und Pfoten die Erde zu lockern. Als Natale vorsichtig mit dem *zapin,* seiner kleinen Hacke, nachscharrt, kommt tatsächlich eine winzige Knolle zutage. „Bin, bin", lobt der *trifulau* – und natürlich gibt es für den vierbeinigen Finder ein Leckerli. Unsere Runde indes labt sich später an Carne cruda mit Öl und *truffa.*

Weitere Informationen

Buchung (Infos auch auf Englisch):
La Casa del Trifulato, Via Canelli 1,
Costigliole d'Asti, www.lacasadeltrifulau.it
Ein weiterer Anbieter:
Familie Aloi, Via Firenze 52, Monta d'Alba,
www.andarpertartufi.com

Dauer: ca. 2 Std., Natale und Pier Giorgio Romagnolo von der Casa del Trifulato bieten das Jahr über Trüffelausflüge an.

Kosten: für Gruppen von bis zu 5 Personen rund 180 €

Erhabene Pracht

Natur und Künstlerhand schufen zwischen Saluzzo und Cuneo überwältigende Panoramen. Der gotische Festsaal im Castello di Manta und die Fresken des Meisters von Elva im Maira-Tal wetteifern mit schneebedeckten Alpengipfeln und grünen Hochtälern, die das Herz eines jeden Wanderers und Mountainbikers höher schlagen lassen.

Im rauen Maira-Tal wurden die alten Pfade, die die Dörfer hier einst miteinander verbanden, zu den Wanderwegen „Percorsi Occitani".

Die Piazza Santa Rosa in Savigliano ist von Altstadthäusern mit Arkadengängen umstanden.

Sehr lebendig wird das Geschehen im und um den Jungbrunnen auf dem Fresko in der Sala Baronale des Castello di Manta geschildert – das Motiv des Wandels von Alt zu Jung war seit dem 14. Jahrhundert beliebt (oben). Nördlich des Castello befindet sich die sehr gut erhaltene Zisterzienserabtei Staffarda samt Kreuzgang, die romanische und gotische Stilelemente erkennen lässt (rechts).

Rund um den Dom in Saluzzos Unterstadt spielt sich das ganz alltägliche Leben ab …

… wie auch auf dem Wochenmarkt in Savigliano.

Mit Feuer und Öl, so heißt es, habe der karthagische Heerführer Hannibal am Monte Viso die Traversette geschaffen, den späteren Verbindungspass zwischen Frankreich und der alten Markgrafschaft von Saluzzo. Ludovico II., Marchese di Saluzzo, ließ dann – und das ist historisch verbrieft – Ende des 15. Jahrhunderts in der Nähe des Monte Viso den Buco di Viso bauen, den ersten Alpentunnel überhaupt. Der 75 Meter lange Durchstich sollte den Handel mit dem unmittelbaren Nachbarn Frankreich vereinfachen.

Tatsächlich war Saluzzo bereits zu Zeiten Ludovicos ein wichtiger Umschlagplatz für allerlei Waren. Der Markt mit seinen hölzernen Arkaden lag oben im Burgviertel. Von dessen Brunnen aus wurde Wasser über Kanäle auf die gesamte Stadt verteilt. Heute pulsiert das Geschäftsleben hauptsächlich in den steinernen Laubengängen der Unterstadt. Die Stände des Wochenmarktes stehen auf dem großen Areal hinter dem Dom – der einst so hoch über dem Bodenniveau lag, dass man eine Rampe für die Ochsengespanne aufschütten musste, die zu großen Festen wie Ostern oder Erntedank in das Gotteshaus fuhren. Denn dank eines speziellen Mikroklimas gedeihen in der Ebene um Saluzzo allerlei Früchte: Äpfel wie Trauben, Pfirsiche wie Aprikosen und Kiwis. In Lagnasco hat eine Versuchsanstalt für alte Obstsorten ihren Sitz.

Naschkatze Hemingway

Mit der Süße der Früchte in der Region konkurriert die der Schokolade, angefangen bei den berühmten u. a. in Torre Pellice hergestellten *gianduiotti* – jenen wie ein umgedrehtes Boot geformten Nougat-Pralinen – bis hin zu den cremig gefüllten *saluzzesi, droneresi* und *cuneesi*, bei denen Alkohol und Baiser eine wichtige Rolle spielen. Ernest Hemingway machte angeblich extra einen Abstecher nach Cuneo, um bei Andrea Arione an der Piazza Galimberti dessen Schokokugeln „al rhum“ zu kaufen.

Das Konditorei-Café ist aber nicht die einzige Überraschung, die Cuneo zu bieten hat. Im Hof des ehemaligen Jesuitenkollegs aus dem 17. Jahrhundert, das heute als Rathaus dient, bannt ein Oldtimer den Blick. Es handelt sich um den Nachbau eines Ceirano 1903 aus der Werkstatt der Automobilpioniere Giovanni Battista, Giovanni und Matteo Ceirano. Die drei Brüder aus Cuneo riefen zwischen 1895 und 1919 in Turin etwa zehn Automobilfirmen ins Leben, darunter auch jene, aus der letztlich Fiat hervorging.

Staunen und Sorgen

Vorgänger und Nachfolger in Sachen Architektur entdeckt der Flaneur in Cuneo, das sich zwischen den beiden Flüssen Gesso und Stura ausbreitet, nur wenige Schritte von der zentralen Via Roma entfernt an der Piazza Virginio. An den Platz grenzt der mächtige Komplex der ehemaligen Abbazia San Francesco. Bei Bauarbeiten stieß man auf die Relikte eines zweiten Gotteshauses: Mehr als zehn Jahre dauerten die Freilegung und Restaurierung der Kirche unter der Kirche.

Heute pulsiert das Geschäftsleben vor allem in den steinernen Laubengängen.

Das Gassengeflecht in Mondovì vermag wieder und wieder zu bezaubern.

Die Piazza in der Altstadt von Mondovì wird am Sonntagnachmittag gerne mal für ein Tänzchen zu Akkordeonmusik genutzt.

Der Blick von der Torre Civico reicht über den Ort Mondovì hinweg über die Hügellandschaft bis hin zu den Alpen.

Die weitläufige Anlage von Racconigi entstand in mehreren Abschnitten. Die Fassade der Savoyer Residenz ist durch den hellen Vorbau mit vier Säulen charakterisiert.

Vom Monumento alla Resistenza, das an den Widerstand der Bevölkerung zu Zeiten des Faschismus erinnert (Galimberti junior gilt als eine ihrer herausragenden Persönlichkeiten), schweift der Blick hinab zu den Sportanlagen des Uferparks. Langläufer trainieren dort. „Studenten", schmunzelt ein älterer Herr, erzählt aber dann gleich, dass es vielleicht bald vorbei sei mit dem Hochschulleben in Cuneo. „Nachdem Fiat Turin verlassen hat, stehen dort ja viele Gebäude leer. So manche Fakultät und Außenstelle der Universität wird daher in die Metropole zurückverlegt." Auch andere kleine Universitätsstädte des Piemont seien von dieser Entwicklung betroffen, Mondovì etwa.

Jenseits der Bescheidenheit

Das gigantische Castello in Racconigi ist eine Welt für sich. Seine Anfänge liegen im 11. Jahrhundert. Von dem Haus Savoyen beauftragte Architekten prägten das Areal, darunter auch Guarino Guarini. Dem 170 Hektar großen Park – ursprünglich nach den streng geometrischen Plänen von André Le Nôtre, dem Gartenarchitekten von Versailles, angelegt – verlieh der Preuße Xavier Kürten die Gestalt, die er heute zeigt. Der Landschaftsarchitekt aus Brühl bei Bonn zeichnete übrigens auch verantwortlich für die Gartenanlage des königlichen Gutes in Pollenzo.

Harfenmusik

Victor Salvi kam in Chicago zur Welt – als Sohn eines italienischen Harfenbauers. Unter Arturo Toscanini machte er als Harfenist des New York Philharmonic Orchestra Karriere. Doch dann ging er ins Land seiner Vorväter, um eigenhändig die sensiblen Zupfinstrumente zu bauen. Südlich von Saluzzo, in Piasco, sind nun einige von Salvis Harfen für immer zu Hause. „Ich dachte nie an eine Sammlung", sagte der Musiker bei der Eröffnung des nach ihm benannten Museo dell'Arpa. Einzig die Schönheit der Instrumente habe ihn betört.

Das Maira-Tal bietet für Mountainbiker gute Bedingungen, lassen sich doch hier Fuß- und Wirtschaftswege fern des Autoverkehrs in teils recht wilder Natur befahren.

Mit Karte wandert es sich auf dem Okzitanischen Wanderweg bei San Martino Inferiore nur umso besser ...

... und zwischendurch fällt der erfreute Blick auf Pflanzen wie das Knabenkraut.

Special

Fremder Glaube

Zuflucht in den Tälern

„Paschero/Lou Paschier" steht auf dem Ortsschild im Maira-Tal. Zwei Namen für ein Dorf, der Letztere ist der okzitanische. Immer wieder finden sich im westlichen Piemont Hinweise auf den französischen Nachbarn hinter der Grenze – ebenso wie auf andere Fremde, die hier ihre Spuren hinterließen.

So wie in Torre Pelice. Die heute 4500 Seelen zählende Gemeinde war einst der Hauptort der drei historischen Waldensertäler Val Pellice, Val Chisone und Valle Germanasca. Seit 1989 hat in Torre Pelice das Centro Culturale Valdese seinen Sitz, eine private Stiftung, die auch ein Museum betreibt. Es ist das größte von insgesamt etwa zehn solcher Einrichtungen, die – wie einige Kirchen und kleinere Dörfer in der Region – von der Geschichte der im 12. Jahrhundert gegründeten Glaubensgemeinschaft kündet. Der Begriff Waldenser leitet sich von dem Buß- und Wanderprediger Petrus Valdes ab, der um 1170 Lyon verließ und mit seinen Anhängern auch im Nordosten Frankreichs predigte. Doch die Bewegung geriet mit der römischen Amtskirche in Konflikt und die Mitglieder mussten in unzugängliche Alpentäler fliehen. Die Auseinandersetzungen verstärkten sich zur Zeit der Gegenreformation. Einige ihrer Gemeinden gingen später in der protestantischen Kirche auf.

Centro Culturale Valdese in Torre Pelice

Alte Dörfer, neues Leben

Kurz hinter Stroppo treffen wir Giambattista Abello. Vor der einstigen Osteria di Piano bestellt der alte Signore seinen kleinen Kartoffelacker. Gern plaudert er über die Zeit seiner Kindheit, als man mit dem Muli drei Stunden nach Elva hinauf brauchte. Und über seinen Weggang aus dem Val Maira; als einen von vielen zog es ihn nach Turin, in die Fiat-Fabriken.

Inzwischen besinnen sich die Kinder und Enkel der Arbeitsemigranten auf ihre ländlichen Wurzeln und kehren in die Dörfer zurück. Auf dem Grund ihrer Ahnen versuchen sie einen wirtschaftlichen Neuanfang – mit einem kleinen Restaurant vielleicht, ein paar Gästezimmern, einem *alimentari* oder sogar, wie Paulo, mit einer Käserei. Paulo und Sylvia eröffneten ihr winziges Unternehmen in Cucchiales. Vor allem am Wochenende ist hier Hochbetrieb, Wanderer und Mountainbiker kommen vorbei. Manche bleiben auch im *posto tappa* (S. 22) in San Martino Inferiore, lassen sich von Maria mit einem Abendessen verwöhnen. Gemeinsam mit ihrem Mann Andrea erweckte sie den Weiler zu neuem Leben: Sie ließen die Bauernhäuser restaurieren und schufen mit dem Centro Culturale Borgata eine Verbindung zwischen Stadt und Land.

Die besten Einkaufsadressen

Keramik bis Kulinarik

Süß oder salzig, aus Milch oder Fleisch: Wer ins Piemont reist, bringt in der Regel als Souvenir etwas für den Gaumen mit. Aber auch für den Tisch lassen sich schöne Stücke finden – und für den Kopf: der Borsalino ist markantes Kleidungsstück.

1 Eataly Torino Lingotto

In einer ehemaligen Wermut-Fabrik nahe dem Messe- und Kongresszentrum Lingotto eröffnete 2007 in Turin das erste Slow-Food-Kaufhaus weltweit. Seither hat sich die Angebotsfläche auf nun fast 2500 Quadratmeter mehr als verdoppelt. Im Sortiment sind handwerklich hergestellte Produkte ausgewählter italienischer Lieferanten; es gibt insgesamt ein Dutzend thematisch orientierte Restaurants und Bars (Fisch, Fleisch, Pasta, Kaffee, Eis, Bier, Aperitivo usw.).

Via Nizza 230/14,
10126 Turin,
www.eataly.net
tgl. 10.00–22.30 Uhr

2 Cioccaleteria Peyrano

Bereits seit dem Jahr 1915 fertigt man bei Peyrano feinste Schokoladenspezialitäten, Pralinen, Schokolade – und auch die berühmte Turiner Gianduja, eine dreieckige Praline aus dunklem Nougat. Sie entstand übrigens aus einer Verlegenheit heraus, denn unter Napoleon gab es hohe Steuern u. a. auf Kakao. Daher streckten die Turiner Cioccolatieri ihn mit gerösteten und gemahlenen Haselnüssen. Die Form der Gianduja ähnelt dem Dreispitz der historischen Spaßmacherfigur Giròni aus dem 18. Jahrhundert, die aufgrund der Namensähnlichkeit zu Napoleons Bruder im piemontesischen Dialekt später in „Guandoja" (nach dem lebenslustigen Bauern Gioan d'la Douja) umbenannt wurde.

Corso Moncalieri 47,
10133 Turin,
www.ilgiustodelcioccolato.it, Mo.–Fr. 9.00–12.30 und 13.30–18.00 Uhr

3 Chicco di Grano

Grissini sind ein fester Bestandteil des kulinarischen Alltags im Piemont. Jeder Einheimische hat „seinen" Bäcker, bei dem er die langen, fingerdünnen Hartweizenstäbchen kauft. Typisch für die Hauptstadt sind die *rubatà*, die handgedrehten beziehungsweise gezogenen Grissini (Abb. S. 111 o.). Chicco di Grano zählt zu den Könnern in dieser Disziplin. Neben den traditionellen Grissini gibt es hier Varianten. Grissini waren übrigens einst für einen kränkelnden Savoyerprinz „erfunden" worden, der kein frisches Brot vertrug.

Corso Moncalieri 254,
10133 Turin,
Mo.–Sa. 6.30–13.00 und 16.00–19.30 Uhr

4 Torreneria Barbero

Stolz hat Davide der seit 1883 verbrieften Spezialität seiner Familie den Namen der Cioccolateria zugefügt und legt sich bei der Herstellung der *torrone* mächtig ins Zeug. So bietet er neben der traditionellen Variante des weißen Nougats auch drei Tafeln, die *tavolette di torrone* „Gran Cru", an, darunter eine mit sizilianischen Mandeln und Zitronenhonig sowie eine zweite mit Pistazien, Orangenhonig und -zesten.

Via Angelo Brofferio 84,
14100 Asti,
www.barberodavide.it

1

4

7

5 Giolito

Der kleine Laden in einer unspektakulären Straße von Bra bietet die größte Auswahl von Käse aus dem Piemont. Die Palette umfasst unter anderem den berühmten Castelmagno Bra, die Ziegenspezialitäten des Maira-Tals und den Diaulot aus der Region Cuneo sowie den von Slow Food ausgezeichneten Macagn (aus den Provinzen Biella und Vercelli). Ebenfalls erhältlich und mit „Presidio Slowfood" gelabelt ist der Montebore aus dem Borbera-Tal in der Provinz Alessandria. Bereits seit Anfang des 20. Jahrhunderts widmet sich die Familie Giolito der Käsekultur und lässt viele Produkte im eigenen Keller reifen.

Via Montegrappa 6,
12042 Bra,
www.giolitocheese.it,
Mo.–Fr. 8.30–12.30 und 16.00–19.30, Sa. vormittags, Sept.–Juni auch Sa. 16.00–19.00 Uhr

6 Borsalino Outlet

Alessandria ist die Heimat des typischen weichen Filzhutes, dessen erste Modelle bereits 1857 in einer kleinen Manufaktur der südpiemontesischen Stadt hergestellt wurden. Inzwischen schmückt der ursprüngliche Männerhut auch Frauenköpfe in subtiler Farbigkeit: Hortensia. Pfauenblau, Serniogrün … 2014 eröffnete die traditonsreiche Firma in einem Teil ihrer Produktionsstätte einen Factory Shop mit Modellen sowohl aus vergangenen Kollektionen als auch aus der aktuellen Produktion.

Borsalino G. & F.llo,
Gambalera,
170 Zona Artigianale D5,
15100 Spinetta,
Alessandria, aktuelle Öffnungszeiten unter
Tel. 0131 21 42 11

7 Ceramiche Besio

Il gallo, der Hahn, ist das berühmteste Motiv der typischen Keramik aus dem südpiemontesischen Städtchen Mondovì. Giovanni Rovea ist einer der Letzten dort, der die historische Linie weiterführt. Sie umfasst auch farbenfrohe Blumendekors, Bordüren in einem dunklen Blau und Teller mit Wünschen für Alltag und Festlichkeiten. Überdies kreiert Signore Rovea eigene Stücke und arbeitet regelmäßig mit internationalen Künstlern für Unikate zusammen.

Ceramiche Besio 1842 di Rovea Giovanni,
Via Vecchia di Pianfei 2,
12084 Mondovì,
www.besio1842.it

8 Salumeria Ariano

Bereits 1885 gegründet, ist die Salumeria im Herzen der Altstadt von Cuneo zwar vor allem berühmt für ihre fleischliche Spezialitäten – von der Bresaola über das Carpaccio al Barolo bis hin zur Gänsesalami und zum Lammspeck. Zum Sortiment zählen aber auch marinierter Aal, Stockfisch und Fischterrinen wie jene vom Lachs und Zackenbarsch.

Via Pascal 2, 12100 Cuneo,
www.salumeriaariano.it

Maßstab 1:375.000
0
10km
PINEROLO
CARMAGNOLA
NICHELINO
MONCALIERI
CHIERI
Orbassano
Piossasco
Cumiana
Carignano
Racconigi
Savigliano
Saluzzo
Revello
Barge
Paesana
Cavour
Luserna
Torre Pellice
Fossano
Busca
Dronero
Caraglio
CUNEO
Borgo S.Dalmazzo
Boves
Peveragno
Chiusa di Pesio
Mondovì
Limone Piemonte
Vinadio
Demonte
Sampeyre
Crissolo
Casteldelfino
Pontechianale
Valdieri
Entracque
Isola 2000
Bagni di Vinadio
Cherasco
BRA
FRANCE
Parco del Po
Alpi Marittime
Parco d. Alpi Marittime
Parc National du Mercantour
1
2
3
4

Gräfliches und okzitanisches Erbe

Typische Alpendörfer, spektakuläre Hochebenen und Städte wie Saluzzo, in denen feudale Macht und Eleganz bis heute ihre Spuren hinterließen, prägen die Westalpen, und der mittelalterliche Marktflecken Dronero oder die einstige Widerstandshochburg Cuneo haben einiges an Überraschungen zu bieten.

1 Cuneo

Sieben Belagerungen musste die 1198 auf einer keilförmigen Anhöhe (ital. *cuneo,* Keil) gegründete Provinzhauptstadt (56 000 Einw.) im Laufe ihrer Geschichte erdulden. Sie gilt als eine der Hochburgen des Widerstands gegen den Faschismus, liegt vor einer imposanten Alpenkulisse und besitzt kilometerlange Arkaden aus allen Epochen.

SEHENSWERT
Salon der Stadt und Link zwischen Alt und Neu ist die **Piazza Galimberti** (dienstags Markt). Der im 17. Jh. barockisierte Dom birgt ein Altargemälde von Andrea Pozzo. Von Dom und Piazza zieht sich die **Via Roma** mit ihren mittelalterlichen Laubengängen und vornehmen Palazzi als zentrale Ader durch das historische Herz Cuneos. An ihr stehen u. a. der Palazzo Audifreddi (mit Stadtbibliothek), das Rathaus und der Stadtturm (1317) sowie die barocke Kirche Sant'Ambrogio. Über die arkadengesäumte **Contrada Mondovì** gelangt man u. a. zur Synagoge und zum Teatro Toselli. Die Viale degli Angeli führt zur Wallfahrtskirche **Santuario degli Angeli** mit dem Grab der Galimberti-Familie und zum **Parco della Resistenza** (Park des Widerstandes) am Ufer des Gesso.

Tipp

Seide & Kunst

Ein ungewöhnliches Beispiel früher piemontesischer Industriearchitektur ist die ehemalige Seidenspinnerei Filatoio Rosso (erbaut 1678). Die restaurierte, wie ein Schloss wirkende „Fabrik" beherbergt heute das Museo del Setificio (Seidenmuseum); der einstige Wohntrakt dient als Ausstellungsfläche u. a. für zeitgenössische Kunst.

Via Matteotti 40, Caraglio, www.filatoiocaraglio.it, Do. – Sa. 14.30 bis 19.00, So. 10.00 – 19.00 Uhr, 6 Euro

Berghütte bei Stroppo im Maira-Tal. Die Droneresi mit Schokokern (oben rechts) liefern süße Energie auf den Percorsi Occitani.

MUSEEN
Im zweiten Stock des Palazzo Osasco erinnert das **Museo Casa Galimberti** an die gleichnamige Cuneser Familie, deren Sohn Tancredi („Duccio") zu einem der führenden Widerstandskämpfer wurde (Piazza Galimberti 6, Führungen Sa./So. 15.30, 17.00 Uhr, sonst n. V., Tel. 0171 69 33 44). Das ehemalige Kloster San Francesco birgt die (kunst-)historischen und ethnografischen Sammlungen des **Stadtmuseums** (Museo Civico, Via Santa Maria 10, Di. – So. 15.30 – 18.30 Uhr).

HOTEL
Inhabergeführt seit 1887, oszilliert das in einem historischen Palazzo eingerichtete **€ € Hotel Royal Superga** zwischen Nostalgie und Moderne; erfreulich ist das gute Frühstück (Via Pascal 3, www.hotelroyalsuperga.it, 39 Zi.).

RESTAURANT
Nomen est omen bei der farbenfroh gestalteten **€ € Osteria Dei Colori** (Lungogesso Papa Giovanni XXIII 14, Mo geschl.)

UMGEBUNG
Bereits im Parco Naturale Alpi Marittime (Naturpark Seealpen, 25 km südöstl. von Cuneo) liegt das Heilbad **Terme di Valdieri.** In recht unberührter Landschaft kann der Gestresste in den Thermalquellen auf 1370 m Höhe Erholung finden (www.termedivaldieri.it).

INFORMATION
Ufficio Turistico, Via Roma 28,
Tel. 0171 69 32 58,
www.comune.cuneo.gov.it

2 Dronero

Der Ort mit weitgehend intaktem historischem Stadtbild war einst großer Marktort und ist Tor zum **Maira-Tal** und mittelalterlicher Marktflecken (7000 Einw.) am Zusammenfluss der Maira und des Rio Roccabruna.

Der Flügelaltar in der Abteikirche von Staffarda (li.) ist mit Malerei und Skulptur gestaltet. Zinnen zieren die Ponte del Diavolo in Dronero.

SEHENSWERT

Wahrzeichen des von Palazzi, Portici und stillen Gassen geprägten Ortes ist die **Ponte del Diavolo** (1428), deren Bögen sich hoch über die strudelnde Maira wölben. Am Flussufer arbeitet noch eine **Mühle** aus dem 15. Jh. (Via Molino 8, Tel. 0171 90 21 86, www.mulinodellariviera.com, n. V.).
Aus derselben Zeit datieren die später reich ausgestattete Kirche **SS Andrea e Ponzio** und die heute ebenfalls als Gotteshaus genutzte **Loggia del Grano** (Piazza San Sebastiano), einst Getreidehalle.

MUSEUM

Der okzitanischen Sprache, Geschichte und Kultur widmet sich das Zentrum **Espaci-Occitan** (Via Val Maira 19, www.espaci-occitan.org, Mi. 15.00 – 18.00, Do./Fr. 9.00 – 12.00 und 15.00 – 18.00, Sa. 9.00 – 12.00 Uhr).

VERANSTALTUNG

Mit dem Bauernmarkt **Fiera degli Accuigai** (1. Juniwochenende) erinnert Dronero an die Tradition der Sardellenhändler.

EINKAUFEN

Käsefans finden im Verkaufsladen der **Cooperativa La Poiana** (Via Roma 11) aus dem Val Grana nicht nur deren ausgezeichneten Castelmagno, sondern auch andere D.O.P.-Käse wie Raschera und Bra Tenero sowie alpine Nischenspezialitäten von der Ziege und aus Schafsmilch. Und spätestens in der Via Roma 2, in der **Pasticcheria Brignone,** erliegen Süßmäuler den wunderbaren piemontesischen *dolci:* angefangen von den Droneresi, kleinen Meringue-Kugeln mit Schoko-Rum-Kern oder in den Varianten Nougat, Nuss, Alpenwermutlikör, über die Torta Amara mit Nüssen und Mandeln bis hin zu den Cupete, zwei Oblaten mit von Honig überzogenen Nüssen.

UMGEBUNG

I ciciu nennen die Einheimischen die pilzförmigen Felsen im Naturschutzgebiet rund um **Villar San Costanzo** (3 km nordöstl.). Im Ort selbst steht die romanische Abbazia di Villar mit Barockfassade, gotischem Campanile und Fresken aus dem 15. Jh. Auf dem neogotischen Castello di Roccolo in den Hügeln von **Busca** (12 km nordöstl.) war Königin Margherita, die Frau von König Umberto, häufig zu Gast. Es hat seinen Namen von einem in der Umgebung typischen Gerät zum Vogelfang.
Atemberaubende Gipfelpanoramen und Wanderwege bieten in der Nähe die **drei Täler** TOPZIEL – **Valle Varaita**, **Val Grana** (Heimat des legendären Käses Castelmagno) und **Valle Maira.** In Letzterem sind das Santuario S. Maria in Morinesio (Stroppo; Ursprg. ca. 1700) und der kleine Stausee an der Elva-Quelle einen Besuch wert. Das Campo Base ist Ausgangspunkt für Hochtouren auch per Ski und Bike.
Europas höchstgelegene Wallfahrtskirche, das **Santuario di Sant'Anna di Vinadio** (2025 m; ab 15. Jh.), befindet sich zu Füßen des Colle de Lombardo und ist nur im Sommer zu erreichen (53 km südwestl.).

INFORMATION

Uffico Turismo, Piazza XX Settembre 3, Tel. 0171 91 70 80, www.valligranaemaira.it, http://turismo.comune.dronero.cn.it

3 Saluzzo

Vor der Kulisse des Monte Viso staffelt sich an einem Hügel malerisch die einstige Hauptstadt der historischen Grafschaft Saluzzo (17 000 Einw.) mit ihrer mittelalterlichen Burg und markanten Kirchtürmen. Die stille Oberstadt erwacht seit geraumer Zeit zu neuem Leben; in der Unterstadt konzentriert sich der Alltag.

SEHENSWERT

Mit seinem dreischiffigen Baukörper aus Backstein prägt der **Dom Maria Vergine Assunta** (15. Jh.) die Unterstadt. Vom teils verkehrsberuhigten **Corso Italia** mit seinen Laubengängen, Ruhebänken und noblen Palazzi geht es durch die **Porta di Santa Maria** über steile Treppengassen hinauf in die Oberstadt. Hier wird an vielen Ecken kräftig renoviert, historische Fassaden erstrahlen in neuem Glanz. Besonders eindrucksvoll zeigen sich die mit Fresken und Terrakotta-Ornamenten verzierten Bauten an der zum Burgplatz hinaufführenden **Salita al Castello,** darunter der ehemalige Palazzo Comunale mit dem fast 50 m hohen Torre Civico. Die **Klosterkirche San Giovanni** (um 1330) wurde bei einem Umbau sogar in ihrer Ausrichtung gedreht; seither zeigt die Apsis nach Nordosten statt wie bei Kirchenbauten üblich nach Osten.

MUSEUM

Fresken von Hans Clemer sowie eine Madonna von seiner Hand zählen zu der Sammlung von Kunstwerken des 16. Jh.s im **Museo Casa Cavassa** (Via San Giovanni 5, www.casacavassa.it, Di. – So. 10.00 – 13.00, 15.00 – 18.00, Fr. 15.00 – 18.00 Uhr, Winter Di. – Sa. 14.30 bis 17.00, Sa./So. 10.30 – 12.30, 14.30 – 17.00 Uhr).

VERANSTALTUNG

Um zeitgenössisches Kunsthandwerk rankt sich die **Mostra nazionale di Artigianato di Saluzzo** in den historischen Marställen (http://fondazionebertoni.it, Sept./Anfang Okt.).

HOTEL

Im einstigen Zisterzienserkloster Saluzzos entstanden unter Wahrung der historischen Schätze die 13 Gästezimmer des luxuriösen **€ € € € Hotel San Giovanni** (Via San Giovanni 9/A, www.sangiovanniresort.it).

UMGEBUNG

Die von Manfredo I. del Vasto, dem ersten Markgrafen von Saluzzo, gegründete **Abtei Staffarda** (9 km nördl.) zählt zu den wichtigsten romanischen Baudenkmälern des Piemont (Di. – So. 9.00 – 12.30, 13.30 – 17.00/18.00 Uhr). Vor allem berühmt für seine gotischen Fresken im Festsaal ist das **Castello di Manta** (4 km

Tipp

Sommer in der Stadt

Über die ganze Stadt verteilen sich die Locations, an denen „Saluzzestate" stattfindet: So nennt sich das Sommerprogramm von Saluzzo mit Theater, Open-Air-Kino, Konzerten und kostenlosem Museumseintritt (Juni, Juli, Aug.). Freunde des Blues haben an drei Tagen im Juni Gelegenheit, verschiedene Bands zu erleben.

http://saluzzoestate.it

südl.). Seit dem 15. Jh. erhielt die einstige mittelalterliche Burg dank derer von Manta ihre heutige Gestalt (FAI; www.visitfai.it, Di. – So. 10.00 – 17.00/18.00 Uhr). Einzigartig ist das Museo dell'Arpa Victor Salvi in **Piasco** (10 km südl.; Via Rossana 7, www.museodellarpavictorsalvi.it, 1. und 3. So. im Monat 14.30 – 18.30, Okt. – März So. – Fr. 10.00 – 13.00, 14.00 bis 17.00 Uhr, Juni–Sept. geschl.): Der Bau von Harfen und anderen Musikinstrumenten hat eine lange Tradition in dem Kunsttischlerort. Anlage und Bauten lassen in **Savigliano** (14 km östl.) die städtischen Strukturen aus der Zeit des Barock und der Renaissance ablesen. Sogar die Küche ist noch erhalten im riesigen Komplex des **Castello di Racconigi** (21 km nordöstl., www.ilcastellodiracconigi.it).

INFORMATION
Ufficio Turistico IAT Saluzzo,
Piazza Risorgimento, Tel. 0175 4 67 10,
www.saluzzoturistica.it

4 Mondovì

Unter dem Namen Monte di Vico 1198 als Borgo franco gegen Asti gegründet und seit dem 19. Jh. bekannt für seine Keramik, besteht Mondovì heute aus der historischen Ober- und einer jüngeren Unterstadt.

SEHENSWERT
Im Talviertel **Breo** kündet über der Barockfassade der Kirche **SS Pietro e Paolo** der kuriose „Moro", ein Glockenspiel, vom Ablauf der Stunden. Die Figur des Mohren spielt eine zentrale Rolle im Karneval der Region. Mit der Seilbahn geht es hinauf nach **Piazza,** wo tatsächlich alle Sträßchen auf die Piazza Maggiore zulaufen. Der Platz selbst ist gesäumt von mittelalterlichen Palazzi und der Jesuitenkirche **Chiesa della Missione** (17. Jh.) mit Fresken von Andrea Pozzo. Ebenfalls in der Oberstadt: der **Dom S. Donato** (18. Jh.) und der **Belvedere-Garten** mit schönem Panoramablick.

MUSEUM
Im Palazzo Fauzone an der Piazza Maggiore hat das **Museo della Ceramica Vecchia** (www.museoceramicamondovi.it, Fr. – So. 10.00 – 19.00, Winter Fr., Sa. 15.00 – 18.00, So. 10.00 – 18.00 Uhr) seine Räumlichkeiten und zeigt Keramiken aus mehreren Jahrhunderten.

UMGEBUNG
Als größte elliptische Kuppel der Welt gilt mit 35 m Durchmesser jene des barocken Marienheiligtums von **Vicoforte** (8 km südl.). Die **Grotta di Bossea** TOPZIEL, eine Tropfsteinhöhle bei Frabosa (27 km südl.; www.grottadibossea.com, tgl. ab 10.00 Uhr), ist im Rahmen einer Führung zu begehen.

INFORMATION
Ufficio Turistico IAT,
Piazza Maggiore 1,
Tel. 0174 403 89,
www.comune.mondovi.cn.it

Genießen Erleben Erfahren

DuMont Aktiv

Wanderung zu den Fresken

Percorsi Occitani heißen die Wanderwege im Maira-Tal. Häufig sind sie Teil der GTA, der Grande Traversata delle Alpi. Einer der schönsten Abschnitte führt von San Martino hinauf in die Gemeinde Elva, die für die Fresken ihrer Pfarrkirche berühmt ist.

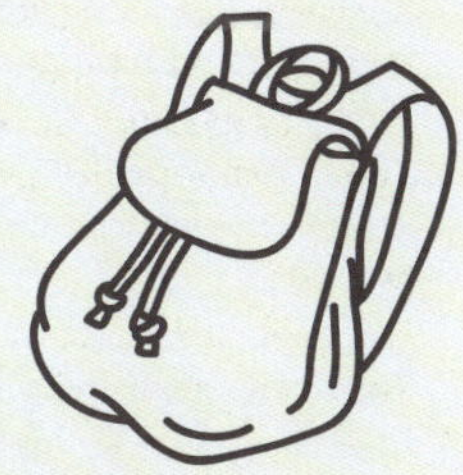

Eindrucksvoll liegt San Martino auf einer Felsnase gut 1400 m über dem Tal. Wer sich mit dem Auto von Stroppo, Macra oder Dronero zu den Steindächern und der Kirchturmnadel heraufgeschraubt hat, findet im Oberdorf einen Parkplatz – und ein paar Meter weiter am linken Straßenrand den gelb markierten Einstieg zur Tour. Steil quert der Pfad nun mehrfach das Serpentinensträßchen; rasch gewinnen wir an Höhe. Nahezu an jeder Wegkehre bietet sich ein wunderbares Panorama: mal hinüber auf das Dorf Cucchiales und die darüber thronende Wallfahrtskirche, mal auf die Bergriesen der Cottischen Alpen, deren Spitzen oft im Mai oder sogar Ende Juni noch mit frischem Schnee bepudert sind.

An den Hängen entdecken wir eine einzigartige Pflanzenfülle. Kerbel blüht, Butterblumen tupfen die Wiesen, Orchideen und Enzian. Am Colle Bettone stehen wir bereits auf rund 1800 m Höhe. Durch ein Waldstück geht es zu einer Wiesenkapelle und dahinter bergab in die Senke von Elva. Dort endlich gibt es die Fresken (1490) von Hans Clemer in der Kirche zu bestaunen.

Weitere Informationen

Wanderung: ca. 2,5 Std. Dauer, stets gut sichtbare Markierung (sonnengelber Balken).

Planung: Einkehrmöglichkeiten nach zwei Dritteln des Wegs bei Davide im La Sousto dal Col (www.lasousto.it) sowie in Elva oder auf dem Rückweg in San Martino Inferiore: www.borgata-sanmartino.eu (s. Unsere Favoriten, S. 22, Übernachtung). Schlüssel für das Museum von Elva im *alimentari*, für die Kirche in der Locanda San Pancrazio (www.lalocandadielva.it).

Der flämische Künstler Hans Clemer malte die großartigen Fresken im Auftrag des Herzogs von Saluzzo. Als „Meister von Elva" gelangte er zu Ruhm.

Modisch sind die Borsalinos und Hüte in allen Formen und Farben (o.). Lecker ist das Eis aus der Gelateria Silvano in Turin (o. re.), beliebt sind dort Plätze wie die Piazza di Castello (re.).

Service

Keine Reise ohne Planung. Auf den folgenden Seiten haben wir für Sie Wissenswertes und wichtige Informationen für Ihren Piemont-Urlaub zusammengestellt.

Anreise

Mit dem Auto: Am einfachsten reist man über Zürich/Basel und durch den Sankt-Gotthard-Tunnel oder via Chur durch den San-Bernardino-Tunnel in Richtung Mailand an. Von dort sind es bis Turin 130 km. Die Variante ist, ab Locarno am Westufer des Lago Maggiore entlangzufahren.
Mit dem Flugzeug: Lufthansa (www.lufthansa.de) bietet von München und Frankfurt aus Direktflüge nach Turin an. Der Turiner internationale Flughafen Caselle (Aeroporto di Torino, www.aeroportoditorino.it) liegt 18 km nördlich des Zentrums; es gibt einen Bus, der in 30 Minuten von hier zur Stazione Porta Nuova fährt (7,50 €, im VVK 6,50 €). Häufigere Verbindungen bestehen zu Mailands Flughafen Malpensa.
Mit dem Zug: Von München (via Brenner und Verona) oder Basel (via Chiasso) gibt es Verbindungen bis Mailand. Von dort verkehren im Stundentakt Regional- und Schnellzüge über Novara und Vercelli zum Turiner Hauptbahnhof Porta Nuova (ca 1. Std. Fahrzeit, www.lefrecce.it, www.trenitalia.it). Von hier bestehen dann Anschlüsse in die piemontesische Provinz. Bahnfahren in Italien ist günstig, zudem gibt es gute Verbindungen zwischen den Städten.

Auskunft

Im Internet
www.regione.piemonte.it
www.piemonteitalia.eu
www.enit.it
www.italia.it

In Deutschland
Italienische Zentrale für Tourismus (ENIT)
für deutschsprachige Länder, Benelux u. a.
Barckhausstr. 10,
60325 Frankfurt am Main
Informationen: Tel. 069 23 74 34
www.enit.de

In Österreich
Mariahilfer Straße 1b/Mezzanin – Top XVI
A-1060 Wien
Tel. 0043 (0)15 05 16 39
www.enit.at

Auto fahren

Allgemein: Außerorts muss grundsätzlich mit Abblendlicht gefahren werden; die Alkoholgrenze liegt bei 0,5 Promille.
Bußgelder *(multa)* sind für Verstöße gegen die Gurtpflicht, bei Falschparken oder Geschwindigkeitsübertretung sehr hoch. Liegen sie über 70 Euro, können sie EU-weit eingetrieben werden. Wer zwei Monate nach Ausstellung des Bescheids nicht überwiesen hat, zahlt die doppelte Summe.
Viele **Tankstellen** (außer auf der Autobahn) haben über Mittag und am Sonntag geschlossen. Gastankstellen sind weiterhin rar im Piemont.
Altstädte sind oft komplett oder in Teilen **autofreie/verkehrsberuhigte Zonen** *(zona a traffico limitato)* und werden mit Kameras überwacht. Ansonsten bedeuten blaue Randstreifen: gebührenpflichtiger Parkplatz; gelbe und schwarz-gelbe Markierungen weisen auf ein Parkverbot hin. Grün steht für spezielle Einschränkungen im entsprechenden Gebiet.

Günstige Stationen für **Mietwagen** finden sich z. B. in Turin (Flughafen) oder Novara (Nähe Bahnhof; beide AVIS, www.avis.de).

Camping

Von den rund 140 Campingplätzen des Piemont liegt ein Großteil in der nördlichen Seenregion und in der Provinz Novara. Mehr als 30 Plätze verteilen sich auf die Provinz Cuneo, zu der auch die Weinhügel des Langhe und Roero zählen und die Gegend um Mondovì. Es gibt noch keinen Platz mit dem Europäischen Umweltzeichen oder auf dem Ecocamping-Level. Gute Bewertungen durch den ADAC erzielten u. a. der 4,7 ha große, ganzjährig geöffnete Camping Valle Gesso am Rand des Parco delle Alpi Marittime beim Thermenort Valdieri (Entracque, Strada Provinciale per Valdieri 3, Tel. 0171 97 82 47, www.campingvallegesso.com, ca. 200 Plätze) sowie der Platz von Orta San Giulio/Lago d'Orta (Via Domodossola 28, Tel. 032 29 02 67, www.campingorta.it, 80 Plätze für Dauercamper, 80 für Touristen) mit deutschsprachiger Rezeption. Letzterer ist durch eine untertunnelte Straße zweigeteilt: Der terrassierte Wiesenhang hat hohe Laubbäume, der Teil am See überwiegend ebenes Terrain.
Die Website www.topcampings.it empfiehlt u. a. den Camping Village Isolino in Fondotoce Di Verbania am Lago Maggiore (Via per Feriolo

Ganz geschützt in einer Bucht des Lago Maggiore liegt Feriolo, mit Yachthafen und Promenade.

25, Tel. 0323 49 60 80, www.isolino.it, geöffnet von Mitte April bis Ende Sept.). Der Platz Camping International Touring liegt bei Sarre im Aostatal (Loc. Arensod, SS. 26 Km 106, Tel. 0165 25 70 61, www.campingtouring.com, geöffnet Mai bis 15. Sept.).

Essen & Trinken

Mehr noch als in anderen Regionen Italiens scheint sich im Piemont alles um den Genuss zu drehen, zum Essen gehört z. B. der *aperitivo* dazu. Die piemontesische Küche gilt unter Feinschmeckern als etwas ganz Besonderes; sie ist oft deftig, ohne derb zu sein, bäuerlich, aber mitunter auch raffiniert und spiegelt die Geografie der Region wie ihre Geschichte.
Zu den berühmtesten kulinarischen Botschaftern des Piemont zählen sicher *risotto, carne cruda* (eine Art Tartar von der Rinderrasse Fassone) sowie die beiden mit reichlich Eiern im Teig hergestellten Pasta-Sorten Agnolotti del plin (winzige, „zusammengekniffene" Teigtaschen, gefüllt mit Fleisch und Gemüse) und Tajarin (feine, von Hand geschnittene „Fäden", mit dicken Saucen oder nur mit Butter und Salbei bzw. Trüffeln serviert).
Das auf einem mittelalterlichen Rezept basierende Innereien-Ragout Finanziera ist zur eher raren Spezialität geworden; ganz im Gegensatz zur Bagna cauda, einem warmen Dip aus Olivenöl, Sardellen und Knoblauch für rohes Gemüse.
Allgegenwärtig sind die Grissini und die köstlichen piemontesischen Käse.
Bekanntestes Dessert ist der wie eine *crème caramel* zubereitete *bonèt* (oder *bunet)*, ursprünglich wurde er ohne Kakao/Schokolade hergestellt, dafür aber mit Kräuterlikör (statt dem inzwischen gängigen Rum). Ein Alta Langa spumante rosato könnte ebenso gut zu diesem traditionellen „Pudding" passen wie ein Monferrato Chiaretto.
Ausgewählte Weingüter: siehe S. 120.

Feiertage

1. Januar: Capodanno (Neujahr)
6. Januar: Epifania (Heilige Drei Könige)
Ostermontag
25. April: Liberazione Italia (Tag der Befreiung Italiens 1945)
1. Mai: Festa del Lavoro (Tag der Arbeit)
2. Juni: Festa della Repubblica Italia (Nationalfeiertag)
15. August: Ferragosto (Mariä Himmelfahrt)
1. November: Ognissanti (Allerheiligen)
8. Dezember: Immacolata Concezione (Mariä Empfängnis)
25. Dezember: Natale (Weihnachten)
26. Dezember: Santo Stefano (Weihnachten, Tag des hl. Stefan)

Feste

Januar: Fiera di Sant'Orso (Kunsthandwerksmesse) in Aosta
Februar/März: Karneval, Verantaltungen und Umzüge u. a. in Ivrea (Orangenschlacht), Saluzzo und im Aostatal (Verrès)
April: Tulpenwoche in Verbania
Mai: Buchmesse in Turin, Jazzfestival in Arona, Antiquitätenmesse in Saluzzo, Kuh- und Ziegenkämpfe *(batailles des chèvres)* im Aostatal, „Leben zwischen Leponti und Walser" – Offene Höfe in der Altstadt von Ornavasso, Fiere Medievali (Mittelaltermesse) in Pavone Canavese
Juni: Beginn der Musikfestivals am Lago Maggiore (bis Sept.), Assiedo di Canelli (Fest der historischen Belagerung)
Juli: Collisioni – Internationales Open-Air-Musik- und Literatur-Festival in Barolo
August: Haselnussfest z. B. in Cortemilia (Sagra della Nocciola), Mangialonga (4 km langer önogastronomischer Spaziergang) durch die Rebhügel von La Morra
September: Palio und Sagra in Asti, Weinfeste: z. B. Douja d'Or in Asti, Festa di Barolo, Neive in Festa, „Festa del Moscato d'Asti e dell'Asti" in Santo Stefano Belbo sowie die Festa del Vino in Alba
Oktober: Esels-Palio (Palio degli Asini) in Alba, Fiera Nazionale del Tartufo (Trüffelmesse, bis Mitte Nov.) in Alba; begleitet wird die Messe von Weinproben und „Showkochen", Salone del Gusto in Turin (in geraden Jahren), Kuhkämpfe *(batailles des reines)* im Aostatal
November: Trüffelmärkte z. B. in Acqui Terme, Santo Stefano Belbo, Cortazzone, Canelli, Mondovì
Dezember: „Presepe vivente" (Lebende Weihnachtskrippen) in Dogliani

Info

Daten & Fakten

Landschaft: Naturgeografisch lässt sich die Region „am Fuß des Berges" (Piemonte) in drei Zonen einteilen: die Alpen im Osten und Norden mit den okzitanischen Tälern, dem Val di Susa, den drei Valli di Lanzo, dem Valle dell'Orco, sowie dem Aostatal und dem Valsesia sowie dem klimatisch fast mediterranen Gebiet rund um das Westufer des Lago Maggiore. Daran schließt sich die fruchtbare Poebene mit den großen Städten an, um Vercelli prägen auch Reisfelder die Landschaft. Im Südosten erstrecken sich Monferrat, Langhe und Roero, die Weinanbaugebiete.
Berge: Monte Rosa (4618 m), Gran Paradiso (4061 m), Monte Viso (3841 m); Hügel des Monferrat, der Langhe und des Roero (150 – 750 m)
Einwohner/Fläche: Das Piemont hat rund 4,3 Mio. Einwohner und umfasst eine Fläche von 25 399 km².
Verwaltung: Die Region gliedert sich in acht Provinzen: Turin (Hauptstadt 890 500 Einw.), Novara (Hauptstadt 105 000 Einw.), Asti (Hauptstadt 76 000 Einw.), Alessandria (Hauptstadt 94 000 Einw.), Cuneo (Hauptstadt 56 000 Einw.), Vercelli (Hauptstadt 47 000 Einw.), Biella (Hauptstadt 45 000 Einw.), Verbano-Cusio-Ossola (Hauptstadt Verbania 31 000 Einw.).
Sprache: Hauptsprache ist Italienisch; das autonome Aostatal ist offiziell zweisprachig (Italienisch, Französisch). In den Alpentälern hört man vereinzelt Okzitanisch und Frankoprovenzalisch, immer seltener wird Walserdeutsch gesprochen. Rund 2 Mio. Menschen sprechen noch das seit 1981 vom Europarat als Minderheitensprache anerkannte Piemontesisch.
Wirtschaft: Die weltweite Krise hat auch das einst reiche Piemont nicht verschont. Die Arbeitslosenquote liegt hier bei derzeit etwa 10 Prozent (2014: 11,3; italienischer Durchschnitt: 12,7 Prozent) – die Automobilregion (Fiat) setzt seit geraumer Zeit auch auf Diversifizierung (Informationstechnologie, Raumfahrtindustrie und Nahrungsmittelsektor). Neben moderner Industrie, Dienstleistung und der Wollverarbeitung in Biella ist auch die Landwirtschaft von Bedeutung: In der Poebene wird neben Reis Obst und Gemüse angebaut; in den Hügeln des Südens Wein und Haselnüsse. Im Aostatal spielt die Rinderzucht eine zentrale Rolle. Zunehmend etabliert sich der (Genuss-)Tourismus.

Genussverheißend: schrumpelige, köstliche Trüffelknollen und verzierter Cappuccino

Zartester Schmelz, in feines Goldpapier gehüllt: gianduiotti – die Nougatspezialität einiger Turiner Cioccolatieri

Info

Geschichte

bis 6. Jh.: Ligurer, Kelten und Etrusker bevölkern das Piemont.
191 v. Chr.: Oberitalien wird zur römischen Provinz Gallia Cisalpina.
1. Jh. n. Chr.: Zur Sicherung ihrer Straßen über die Alpen gründen die Römer u. a. ihre Militärlager Hasta (Asti), Segusum (Susa), Augusta Taurinorum (Turin) und Aquae Statiellae (Acqui Terme).
10. Jh.: Gründung der Mark Ivrea
11. Jh.: Der Savoyer Umberto Biancamano wird Graf des Aostatals.
1176: Kaiser Friedrich I. Barbarossa scheitert bei der Belagerung Alessandrias und unterliegt dem lombardischen Heer bei Legnano.
1416: Grafschaft Savoyen wird Herzogtum.
1563: Turin wird Hauptstadt des Herzogtums Savoyen.
1718: Piemont wird mit Sardinien vereinigt und zum Königreich.
1800: Napoleon besetzt das Piemont.
Mitte 19. Jh.: Aufstände in ganz Italien gegen die Vorherrschaft Österreichs. König Carlo Alberto von Piemont dankt ab; sein Nachfolger Vittorio Emanuele treibt mit Camillo Benso Graf von Cavour die italienische Einheit voran; Letzterer wird erster Ministerpräsident des geeinten Landes.
1861: Vittorio Emanuele II. wird zum König von Italien gekrönt; Turin wird erste Hauptstadt des geeinten Italien (bis 1865).
1899: Gründung des Automobilwerks Fiat in Turin.
1929: Erste Trüffelmesse in Alba.
1946: Italien wird Republik, das Recht des Hauses Savoyen erlischt.
1969: Arbeiter- und Studentenaufstände im „heißen Herbst" auch in Turin
1970: Das Piemont wird zur eigenständigen Region.
1994: Hochwasserkatastrophe in Oberitalien; auch das Piemont erleidet schwere Schäden.
2006: Turin und Susatal sind Austragungsorte der XX. Olympischen Winterspiele.
2012: Schwere Unwetter mit Starkregen.
2013: Das Mitte-links-Bündnis von Pier Luigi Bersani gewinnt knapp die Parlamentswahlen.
2014: Bei den Regionalwahlen setzt sich Sergio Chiamparino (PD) an der Spitze der Mitte-links-Koaliton durch. Das Turiner Traditionsunternehmen Fabbrica Italiana Automobili Torino (FIAT) fusioniert mit dem US-amerikanischen Automobilhersteller Chrysler. Die Weinregionen Langhe-Roero und Monferrato werden 50. UNESCO-Welterbestätte in Italien.
2016: Bei den Kommunalwahlen übernimmt mit Chiara Appendino von Beppo Grillos Protestpartei „5 Sterne" erstmals eine Frau das Bürgermeisteramt in Turin. Im Dez. tritt Matteo Renzi von seinem Amt als Ministerpräsident zurück.

Geld

In allen Hotels und größeren Restaurants kann mit Bank- oder Kreditkarte gezahlt werden; Gleiches gilt für den Einkauf u. a. bei Winzern.

Literatur

Reiseführer und Sachthemen
MARCO POLO Reiseführer: Italien Nord (MairDumont, 2016). Reisen mit Insider-Tipps. Inklusive kostenloser Touren-App & Update-Service.
DuMont direkt Reiseführer: Lago Maggiore (MairDumont, 2016).
Baedeker Reiseführer: Italien Norden (MairDumont, 2013): Kultur, Kunst und reichlich Hintergrundwissen.
Steffen Maus/Markus Bassler: Italiens Weinwelten (Gebrüder Kornmayer, 2013, 2. Aufl.): Geschichten und lebendige Porträts statt Punktebewertungen.
Ursula Bauer/Jürg Frischknecht: Antipasti und alte Wege (Rotpunktverlag, 2016, 8. Aufl.): Wanderbeschreibungen aus dem Valle Maira.
Belletristik
Aldo Cazzullo: Bitter im Abgang (Verlag C. H. Beck, 2014). Das Wein- und Trüffelstädtchen Alba, in dem der Journalist und Autor geboren wurde, ist Schauplatz dieses Krimis, dessen Handlung bis in die Partisanenzeit des Zweiten Weltkriegs zurückreicht.
Carlo Fruttero: Ein Herr mit Zigarette (Piper, 2013). Autobiografische Notizen des 2012 verstorbenen Turiner Autors u. a. von Romanen wie „Frauen, die alles wissen" oder „Der Liebhaber ohne festen Wohnsitz" (zusammen mit Franco Lucentini).
Davide Longo: Der Fall Bramard (Rowohlt, 2015). Der Autor wählt mit diesem Krimi um Kommissar Bramard und einen Frauenmörder erneut die heimatlichen Alpen zur Kulisse des Geschehens.
Cesare Pavese: Der Mond und die Feuer (Rotpunktverlag, 2016). Der letzte Roman des piemontesischen Autors; Schauplatz ist sein Heimatort in den 1940er-Jahren. Hauptthemen: Aufbruch und Rückkehr, Faschismus und Widerstand.

Notruf

Notarzt, Polizei, Rettungswagen 112 (europäische Notfallnummer)
Feuerwehr *(vigili del fuoco)* 115
Medizin. Notdienst *(pronto soccorso)* 118
Pannenhilfe (ACI; ital.) 80 31 16

Post

Italien hat ein kompliziertes Frankiersystem – unterschiedlich für In- und Ausland sowie die Zustellsicherheit bzw. -schnelligkeit. Briefmarken gibt es auf der Post und im Tabakladen *(tabacchi)*. Standard-Postkarten ins Ausland sind mit 0,95 € freizumachen.

Info

Reisedaten

Flug von Deutschland: z. B. München – Turin 144 Euro, ab Frankfurt ab 212 €
Bus: München – Turin ab 29 € (einfach)
Inlandsverkehr
Bahnfahrt Cuneo – Turin 7 Euro
Reisepapiere: Personalausweis oder Reisepass
Devisen: Euro
Mietwagen: ab 35 Euro/Tag
Benzin: 1 l Super Benzin ca. 1,55 Euro
1 l Diesel ca. 1,40 Euro
(Stand November 2016)
Hotel: Luxusklasse ab 250 Euro (5 Sterne)
Mittelklasse ab 120 Euro
B & B, Agriturismo ab 50 Euro
Ferienhaus: 1 Woche ab 300 Euro
Menü: Tagesmenü *(menu del giorno)* ab 13 Euro, einfaches Gericht ab 8 Euro

Reisezeit

Beste Reisezeit ist das Frühjahr (Mai/Juni) oder der Herbst, wenn die Weinlese beginnt und dann bald auch die Trüffelzeit. Zudem feiern die Piemontesen im September/Oktober viele Feste. Im Sommer kann es aufgrund des typischen Kontinentalklimas recht heiß werden (28 °C). Für Wanderungen oder Mountainbiketouren eignen sich ebenfalls die gemäßigten Monate; im Hochgebirge kann allerdings bis in den Mai und ab Oktober Schnee liegen. Im Seengebiet indes sind Frühjahr und Herbst meist deutlich milder; am Lago Maggiore steht die Natur oft bereits im März/April in voller Blüte (allerdings sind April/Mai auch die regenreichsten Monate) und es herrschen fast mediterrane Temperaturen. Skifahrer und Langläufer finden im Februar/März zumindest im Aostatal noch beste Pistenkonditionen.

Restaurants

Zum unverzichtbaren Ritual gehört das sonntägliche Mittagessen im Restaurant – Zufallsgäste finden dort dann oft keinen Platz! Neben dem *ristorante* (Restaurant) bieten sich *trattorie* (Trattorien) und *osterie* (Osterien) zum Essengehen an. Das Mittag- wie das Abendessen (kaum vor 19.30 Uhr) besteht aus *antipasto, primo piatti* (Suppe, Pasta, Reis) und *secondo piatto* (Fleisch, Fisch). Ein Dessert und Espresso beschließen das Mahl.

Preiskategorien

€ € € €	Hauptspeisen	über 40	€
€ € €	Hauptspeisen	20 – 40	€
€ €	Hauptspeisen	10 – 20	€
€	Hauptspeisen	5 – 10	€

Souvenirs

Wein, Käse, Haselnüsse *(tonda gentile)* und Nussprodukte *(torrone, crema di nocciola, gianduja, gianduiotti)* oder die lokalen Süßigkeiten lässt sich wohl kein Süßmäulchen als Mitbringsel entgehen.

Sport & Freizeit

Golf: Zahlreiche Golfplätze gibt es im Piemont, darunter die reizvollen Anlagen des Club des Îles Borromées über Stresa, des Club Le Betulle bei Biella, des Golf Club Cuneo in Boves oder des Club Feudo Di Asti in Asti.
Radfahren/Mountainbiken: Feinschmecker-Touren oder knackige Trails, Stadtrad oder Mountainbike – es gibt der Möglichkeiten viele, individuell oder organisiert geplant. Schönste Gebiete: die Schlösser um Turin, die Rebhügel der Langhe, die Anstiege der Alpentäler wie Valle Maira und Valle Varaita.
Skifahren: Etwa 1300 Kilometer Piste bietet das Piemont, die spektakulärsten Skigebiete liegen im Aostatal (auch Langlauf) und in den Westalpen an der Grenze zu Frankreich (http://www.piemonteneve.com).
Wandern/Klettern: Durch das Piemont führt die Grande Traversata delle Alpi (GTA), von der Schweizer Grenze bis nach Ligurien. Etwas weniger fordernd ist das alpine Streckenwandern auf den gut markierten Wegen im Maira-Tal (www.wandern-piemonte.it). Gleiches gilt z. B. für den Sentiero del Plaisentif im Val Chisone und den Rundweg Lou Viage im Valle Stura oder die Alta Via Val di Susa sowie den Parcours im Valle Varaita (von Verzuolo in Richtung Talschluss nach Chianale und zurück nach Costigliole Saluzzo; zwölf Etappen, 60 Std.). Auch der Giro del Monviso, die Tour rund um den Re di Pietra, ist gut beschildert. Schöne Strecken unterschiedlichen Niveaus finden sich auch im Aostatal (Naturpark Gran Paradiso) und im Seengebiet (Lago Maggiore, Lago d'Orta).
Wassersport: Am Lago Maggiore, Lago d'Orta und (eingeschränkt) am Lago di Mergozzo sowie am Lago di Viverone sind Segeln und Windsurfen möglich sowie Kajak und Wasserski. Kajak, Hydrospeed und Canyoning sind angesagt im Sesia-Tal (Vercelli) oder im Stura-Tal (Cuneo) sowie in Tälern des Ossola.

Telefon

Bei Telefonaten innerhalb des Piemont ist die jeweilige Ortsvorwahl mitzuwählen. Öffentliche Telefone gibt es immer seltener; Karten dafür kauft man u. a. in Bars, Tabakgeschäften, an Tankstellen oder an der Supermarktkasse.
Mobiles Telefonieren (und Internet) wird durch den EU-Tarif immer billiger. Trotzdem kann es günstiger sein, eine Prepaid-Karte vor Ort zu kaufen – allerdings erhält man in der Regel dafür eine italienische Telefonnummer. Zudem kann es sein, dass der SIM-Karten-Verkäufer nach dem *codice fiscale* fragt, der Steuernummer. Einen solchen Code kann man sich als EU-Bürger vorab im Internet oder beim Konsulat erstellen lassen. Es gibt verschiedene Anbieter, die Prepaid-Karten verkaufen. Oft sind sie gegen einen kleinen Aufpreis auch als

Vorsicht – die gute Laune der Baristas in der Pasticceria Ghigo in Turin ist ansteckend!

Micro- oder Nano-SIM erhältlich, also tauglich für Smartphones und Tablets. Providershops findet man u. a. in Einkaufszentren; Aufladekarten gibt es auch im Tabakladen oder Supermarkt. Guthaben verfällt erst nach einem Jahr. **Vorwahlen:** nach Deutschland +49, nach Österreich +43, in die Schweiz +41. Italien hat die Vorwahl +39.

Übernachten

Vom Bauernhof (Agriturismo) bis zum Luxushotel (z. B. in ehemaligen Klöstern oder historischen Palazzi) reicht die Palette der Unterkünfte. Wanderer kommen gut im *posto tappa* unter (Berghütte; S. 48); in den Weinregionen bieten zahlreiche Winzer Ferienwohnungen an oder betreiben ein Bed & Breakfast. Die Preisklassen sind unterschiedlich. Ein Verzeichnis der Campingplätze verschicken auf Anfrage die Enit-Büros. Die Auswahl an Jugendherbergen ist bescheiden: AIG (Associazione Italiana Alberghi per la Gioventù, http://aighostels.it).

Weingüter

Eine Auswahl: Zu den Spitzenproduzenten des Piemont zählen u. a. das 1881 gegründete Weingut Pio Cesare in Alba (Barolo/Barbareso; www.piocesare.it) sowie die in La Morra gelegene Cantina Renato Ratti (Barolo/Barbera, inzwischen geführt von Pietro Ratti; www.renatoratti.com).
Barolo Chinato und Barbera Chinato sind eine Spezialität u. a. des Weinguts Il Milin, geführt von den Winzern Enrico und Franco Roverobei in Asti (Località Valdonata, www.agriturismoilmilin.it). Maria Borio von der Cascina Castlèt gibt Nistkästen und Rosenbüschen Raum in ihren Weinbergen bei Costigliole d'Asti (Barbera/Passito; www.cascinacastlet.com).

Zoll

Im privaten Reiseverkehr der EU dürfen Waren zum eigenen Gebrauch unbegrenzt mitgeführt werden. Es gelten die allgemeinen EU-Bestimmungen.

Preiskategorien

€€€€	Doppelzimmer	über 200 €
€€€	Doppelzimmer	150–200 €
€€	Doppelzimmer	100–150 €
€	Doppelzimmer	50–100 €

Info

Wetterdaten

Turin	TAGES-TEMP. MAX.	TAGES-TEMP. MIN.	TAGE MIT NIEDER-SCHLAG	SONNEN-STUNDEN PRO TAG
Januar	4°	-3°	5	3
Februar	7°	-1°	4	4
März	13°	4°	6	5
April	18°	8°	8	6
Mai	22°	12°	11	7
Juni	28°	16°	6	7
Juli	30°	19°	6	8
August	29°	18°	5	7
September	24°	14°	6	6
Oktober	17°	9°	6	4
November	10°	4°	6	3
Dezember	5°	0°	6	2

Der geschäftige Tag neigt sich dem Ende zu, und Ruhe kehrt ein in der Abenddämmerung über dem Lago Maggiore.

Register

Fette Ziffern verweisen auf Abbildungen

A/B

Abbazia di Vezzolano **72,** 72, 85
Abbazia San Nazzaro 77, 84
Acqui Terme **99,** 99, 117
Alba **49,** 49, 89, 97, 100, 117, 120
Alessandria **20/21,** 75, **89,** 97, 99
Aosta 45, **46, 47,** 51
Aostatal **42–47,** 45, 47, **51–53,** 51–53, 97, 117, 119
Arnad 45, 53
Asti **7, 12/13, 90,** 91, 97, 99, 100, 110, **111,** 117, 118, 119, 120
Aymavilles, Burg **8/9, 46,** 52
Bard 53
Barolo **92,** 97, 99, 100
Biella 29, **30,** 31, **32,** 40, 117
Bionaz **44,** 52
Borromäische Inseln **4, 34–37,** 34, 36, 39
Bra **94,** 95, 97, **100,** 100, 111
Breuil-Cervinia 53
Briona 84

C

Calliano 48
Canale Cavour 84
Canelli 48, **49, 90,** 97, 100, 117
Cannero **24/25, 27,** 36, **37,** 40
Cannobio **27,** 27, 40, 48
Casabeltrame 85
Casale Monferrato 77, 84, 85
Castello Comunale Falletti di Barolo **99,** 99
Castello di Manta **104,** 104, 114
Castello di Masino **7, 73,** 73, 84
Castello di Racconigi 115
Castiglione Falletto 100
Cherasco 89, 101
Chieri **58,** 59, 69
Cogne **45, 46,** 52
Cortemilia 49, 117
Costigliole d'Asti 101, 120
Courmayeur 45, **52,** 52, 53
Cucchiales 109, 115
Cuneo 105, 107, 111, 113, 119
Cureggio 23

D/E

Dogliani 22, 117
Dronero 113, **114,** 115
Elva **115,** 115

F/G

Fénis, Burg 45, **51,** 52
Feriolo 27, **117**
Gattinara **32,** 97
Gavi **20/21, 92,** 97, 99, **100**
Ghemme 75, 84, 97
Ghiffa **28,** 29, 40
Giardino Botanico Alpino Paradiso **52,** 52
Grinzane Cavour 97, **100,** 100
Grotta di Bossea 115

I–L

Isola Bella **26,** 34
Isola dei Pescatori **39,** 39
Isola Madre **34,** 34, **35,** 36, 39
Isola San Giulio 30
Ivrea 33, 41, **48,** 48
Lago di Viverone 41, 119
Lago d'Orta (Ortasee) 27, **28, 29,** 30, 39, **40,** 48, 116, 119
Lago Maggiore **10/11, 24–27,** 27, 34, 41, 48, 116, 117, 119, **120**
Lago Mergozzo 27, 40
La Morra 49, 91, **93,** 101, 120
La Palud 47
Livorno Ferraris **75,** 84

M/N

Maira-Tal (Valle Maira) **7, 102/103, 108,** 109, **113,** 114, 119
Mombaruzzo **91,** 100
Mondovì **4, 106, 106/107, 111,** 111, 115, 117
Monforte d'Alba 22
Monte Mottarone 36, 39
Monte Rosa 45
Monviso **76,** 116
Neive 91, 100, 117
Nizza Monferrato 100
Novara **4, 74, 75,** 75, 80, 83, 116

O/P

Oasi Zegna **32/33,** 33, 41
Ornavasso **28,** 117
Orta San Giulio **29, 40,** 40
Parco Nazionale della Val Grande 40
Parco Nazionale Gran Paradiso **44, 45,** 45
Pavone Canavese 23
Pian del Re **77**
Piasco 107, 115
Poebene **70–85,** 73–85, 117
Pollenzo **95,** 95, 101, 107

R/S

Racconigi, Schloss **107,** 107, 115
Sacra di San Michele **62,** 69
Sacri Monti **16/17,** 27, 40
Sacro Monte della Trinità **28**
Sacro Monte di Oropa **33, 40,** 40
Sacro Monte di Varallo **16/17,** 29, **31,** 40
Saint-Vincent 45, 53
Saluzzo 73, **105,** 105, **114,** 114, 117
San Martino Inferiore **22,** 22,**109,** 109
Santo Stefano Belbo 23, 41, 91, 100, 117
Santuario di Sant'Anna di Vin. 114
Savigliano **104, 105,** 115
Serralunga d'Alba **86/87, 92,** 95, 100
Staffarda, Abtei **104,** 104, 114
Stresa **10/11, 26,** 27, 36, **39,** 39, 41, 119
Stroppo 22, 109, 115
Stupingi, Schloss **7, 62,** 63
Superga, Basilika **63,** 69
Susatal (Val di Susa) **62,** 63, 69, 119

T/U/V

Terme di Valdieri 113
Torre Pelice **109,** 109
Trino 77, 84
Turin **14/15,** 23, **54–61,** 57–63, **64–65,** 64–65, **67–69,** 66–69, 75, 95, **110,** 110, **111, 116,** 116, 117, 118, **119,** 119
Venaria Reale **18/19, 62, 63,** 68, 69
Verbania Pallanza **36,** 36, 39
Vercelli **70/71,** 73, **74,** 78, 80, **83,** 84, 116, 119
Verrès 45, 48
Vestignè **84**
Vicoforte 22, 115

W

Westalpen **102–109,** 105–109, **113–115,** 113–115, 119

Impressum

2. Auflage 2017

Verlag: DuMont Reiseverlag, Postfach 3151, 73751 Ostfildern, Tel. 0711/45 02-0, Fax 0711/45 02-135, www.dumontreise.de
Geschäftsführer: Dr. Thomas Brinkmann, Dr. Stephanie Mair-Huydts
Programmleitung: Birgit Borowski
Redaktion: Konzeption & Redaktion, Leinfelden-Echterdingen
Text: Rita Henss
Exklusiv-Fotografie: Markus Kirchgessner
Titelbild: Castiglione Falletto (ClickAlps/lookphotos)
Zusätzliches Bildmaterial: Anja Jahn 3 u.; 8/9 mauritius images/Cenadelli Davide; 14/15 mauritius images/AGF/Simone de Lorenzo; 21 o. istock; 22 li. Residenza dell'Opera, http://residenzadellopera.com; 22 re. Centro Culturale Borgata, www.borgata-sanmartino.eu, © E. Hammes; 41 o. Shutterstock/ portumen; 48 o. istock; 48 li. picture alliance/Pacific Press Agency/Nicolò Campo; 48 re. mauritius images/MARKA/Alamy; 49 o. li. lookphotos/Ingolf Pompe; 49 o. re., 49 u. re. mauritius images/imageBROKER/Dr. Wilfried Bahnmüller; 53 o. Shutterstock; 65 o. re. Huber-Images/Gabriele Croppi; 67 o. re., 67 u. re. DuMont Bildarchiv/Rainer Kiedrowski; 69 o., 85 o. Shutterstock; 97 u. re. mauritius images/MARKA/Alamy; 100 o. li. DuMont Bildarchiv/Rainer Kiedrowski; 101 o. Shutterstock; 110 li. picture alliance/ROPI; 111 o. li. mauritius images/ Dino Fracchia/Alamy; 111 o. re. laif/Markus Kirchgessner; 111 M. li. Torreneria Barbero, Asti, www.barberodavide.it, © VinicioFerri; 110 o., 111 u. re. Ceramiche Besio 1842 di Rovea Giovanni, www.besio1842.it; 111 u. li. Shutterstock; 115 o. Shutterstock; 116 li., 118 u. li. DuMont Bildarchiv/Ernst Wrba
Textquellen: Alain de Botton, Kunst des Reisens, Frankfurt 2003, S. 234 (hier S. 29)
Grafische Konzeption, Art Direktion, Layout: fpm factor product münchen
Cover Gestaltung: Neue Gestaltung, Berlin
Kartografie: © MAIRDUMONT GmbH & Co. KG, Ostfildern
Kartografie Lawall (Karten für „Unsere Favoriten")
DuMont Bildarchiv: Marco-Polo-Straße 1, 73760 Ostfildern, Tel. 0711/4502-266, Fax 0711/4502-1006, bildarchiv@mairdumont.com

Anzeigenvermarktung: MAIRDUMONT MEDIA, Tel. 0711 450 20, Fax 0711 45 02 10 12, media@mairdumont.com, http://media.mairdumont.com
Vertrieb Zeitschriftenhandel: PARTNER Medienservices GmbH, Postfach 810420, 70521 Stuttgart, Tel. 0711 72 52-212, Fax 0711 72 52-320
Vertrieb Abonnement: Leserservice DuMont Bildatlas, Zenit Pressevertrieb GmbH, Postfach 810640, 70523 Stuttgart, Tel. 0711 7252-265, Fax 0711 7252-333, dumontreise@zenit-presse.de
Vertrieb Buchhandel und Einzelhefte: MAIRDUMONT GmbH & Co. KG, Marco-Polo-Straße 1, 73760 Ostfildern, Tel. 0711 45 02 0, Fax 0711 45 02 340
Reproduktionen: PPP Pre Print Partner GmbH & Co. KG, Köln
Druck und buchbinderische Verarbeitung: NEEF + STUMME premium printing GmbH & Co. KG, Wittingen, Printed in Germany

FSC
www.fsc.org
MIX
Papier aus verantwortungsvollen Quellen
FSC® C001857

Teeplantagen in Sri Lankas Hochland, so weit das Auge reicht. Die britische Kolonialmacht führte die Nutzpflanze um 1870 ein.

Eine von Berlins Vorzeigeansichten, der Blick auf Bode-Museum und Fernsehturm im Hintergrund.

Berlin

Große Kunst
Erwartet Sie in den Berliner Museen, nicht nur in jenen fünf, die auf der Museumsinsel liegen und von der UNESCO zum Welterbe gekürt wurden.

Die Hauptstadt anders erleben
Wie wäre es mit einer Rikscha-Tour durch das historische Berlin, mit einer Rundfahrt im Trabi oder mit einer Führung durch die Unterwelt?

Das hippe Berlin
Prenzlauer Berg, Kreuzberg, Friedrichshain und Neukölln, hier trifft sich heute die Szene! Wir verraten Ihnen, welche Clubs und Bars gerade angesagt sind.

Sri Lanka

Tropisches Märchenland
Für eine Reise nach Sri Lanka gibt es gute Gründe: eine traumhafte Landschaft, üppig grüne Vegetation, herrliche Strände und einzigartige Kunstwerke – lassen Sie sich mit hervorragenden Bildern einstimmen auf ein ganz besonderes Land.

Das Wissen vom Leben
Ayurveda ist eine 3000 Jahre alte ganzheitliche Heilmethode. Wir stellen Ihnen die wichtigsten Komponenten der Behandlung vor und liefern Ihnen Pro- und Kontra-Argumente für Ayurveda-Kuren.

Der lange Weg zum Frieden
Hintergründe und Fakten zum Bürgerkrieg, der das Land bis 2009 in Atem hielt.

www.dumontreise.de

Lieferbare Ausgaben

DEUTSCHLAND
119 Allgäu
092 Altmühltal
105 Bayerischer Wald
180 Berlin
162 Bodensee
175 Chiemgau, Berchtesg. Land
013 Dresden, Sächs. Schweiz
152 Eifel, Aachen
157 Elbe und Weser, Bremen
168 Franken
020 Frankfurt, Rhein-Main
112 Freiburg, Basel, Colmar
028 Hamburg
026 Hannover zw. Harz u. Heide
042 Harz
023 Leipzig, Halle, Magdeburg
131 Lüneburger Heide, Wendland
038 Mecklenburg-Vorpommern
033 Mosel
047 Münsterland
015 Nordseeküste Schleswig-Holstein
006 Oberbayern
161 Odenwald, Heidelberg
035 Osnabrücker Land, Emsland
002 Ostfriesland, Oldenb. Land
164 Ostseeküste Mecklenburg-Vorpommern
154 Ostseeküste Schleswig-Holstein
136 Pfalz
040 Rhein zw. Köln und Mainz
185 Rhön
186 Rügen, Usedom, Hiddensee
137 Ruhrgebiet
149 Saarland
182 Sachsen
081 Sachsen-Anhalt
117 Sauerland, Siegerland
159 Schwarzwald Norden
045 Schwarzwald Süden
018 Spreewald, Lausitz
008 Stuttgart, Schwäbische Alb
141 Sylt, Amrum, Föhr
142 Teutoburger Wald
170 Thüringen
037 Weserbergland
173 Wiesbaden, Rheingau

BENELUX
156 Amsterdam
011 Flandern, Brüssel
179 Niederlande

FRANKREICH
177 Bretagne
021 Côte d'Azur
032 Elsass
009 Frankreich Süden Languedoc-Roussillon
019 Korsika
071 Normandie
001 Paris
115 Provence

GROSSBRITANNIEN/IRLAND
130 London
030 Südengland

ITALIEN/MALTA/KROATIEN
181 Apulien, Kalabrien
017 Gardasee, Trentino
110 Golf von Neapel, Kampanien
163 Istrien, Kvarner Bucht
128 Italien, Norden
005 Kroatische Adriaküste
167 Malta
155 Oberitalienische Seen
158 Piemont, Turin
014 Rom
165 Sardinien
003 Sizilien
140 Südtirol
039 Toskana
091 Venedig, Venetien

GRIECHENLAND/ZYPERN/TÜRKEI
034 Istanbul
016 Kreta
176 Türkische Südküste, Antalya
148 Zypern

MITTEL- UND OSTEUROPA
104 Baltikum
094 Danzig, Ostsee, Masuren
169 Krakau, Breslau, Polen Süden
044 Prag

ÖSTERREICH/SCHWEIZ
004 Salzburger Land
139 Schweiz
144 Tirol
147 Wien

SPANIEN/PORTUGAL
043 Algarve
093 Andalusien
150 Barcelona
025 Gran Canaria, Fuerteventura, Lanzarote
172 Kanarische Inseln
124 Madeira
174 Mallorca
007 Spanien Norden, Jakobsweg
118 Teneriffa, La Palma, La Gomera , El Hierro

SKANDINAVIEN/NORDEUROPA
166 Dänemark
153 Hurtigruten
029 Island
099 Norwegen Norden
178 Norwegen Süden
151 Schweden Süden, Stockholm

LÄNDERÜBERGREIFENDE BÄNDE
123 Donau – Von der Quelle bis zur Mündung
112 Freiburg, Basel, Colmar

AUSSEREUROPÄISCHE ZIELE
183 Australien Osten, Sydney
109 Australien Süden, Westen
024 Dubai, Abu Dhabi, VAE
160 Florida
036 Indien
027 Israel
111 Kalifornien
031 Kanada Osten
171 Kuba
022 Namibia
041 New York
184 Sri Lanka
048 Südafrika
012 Thailand
046 Vietnam